Chapter 4
知っておきたい、注目のプラントベースミルク ……129

オーツミルク／アーモンドミルク／ソイミルク／ライスミルク／生マカダミア&カシューナッツミルク／ココナッツミルク／豆乳クリーム

プラントベースミルクで作る　人気店のスイーツ・レシピ …… 142

奥付 …… 144

本書をお読みになる前に

- 1章では、プラントベースミルクの知識と、プラントベースミルクを使ってラテアートをするためのテクニックに関してまとめています。
- 2章では、人気のカフェ（移動販売店含む）の、プラントベースミルクを使ったメニュー（カフェラテ、アレンジドリンク、スープ）をまとめています。メニュー以外にも、各店のミルクの選び方や扱う上でのポイント等を紹介しています。
- 3章では、2章に登場したお店の、プラントベースミルクを使ったスイーツメニューをまとめています。
- P142 ～ 143は、3章で掲載したメニューの中から、レシピをご公開いただいたものをまとめています。加熱時間などは、そのお店の道具を使用した場合のものですので、様子を見て調整を行ってください。
- 紹介しているメニューの中には、お店で常時提供していないものもあります。値段や容器のデザイン等は変わることがあります。また本書のために提案していただいたメニューも含まれます。
- P10 ～ P140のプラントベース原材料のイラストのクレジットは、「Sudowoodo ／ Shutterstock」に寄与します。
- 各お店のSHOP DATAの内容は2022年6月現在のものです。

はじめに

これまで日本においてプラントベースミルクの代表格は豆乳でしたが、今ではアーモンドミルク、オーツミルク等、様々なミルクがスーパーマーケットでも出回るまでになり、ここ数年で急速に人々の認知が広がっています。

その背景には、コロナ禍での健康志向やSDGsへの関心の高まりがあります。またコロナ後のインバウンド対策としても、プラントベースミルクの導入は、カフェが考えるべきことの1つといえます。

本書では、プラントベースミルクの知識や選び方・使い方をまとめました。人気カフェのプラントベースミルクを活用したドリンク、スイーツを紹介、また各店の導入の経緯や、そのミルクを採用した理由、活用するうえでの注意点やコツなども掘り下げて解説しています。

本書をお読みくださった方が、自店のメニューの付加価値を高め、またお客様の選択肢を広げることでファンを増やすこと、さらにはヒトや地球にやさしいお店が増えることで飲食業界の新たな価値の創出につながれば、この上ない喜びです。

©Oksana Mizina/Shutterstock

PLANT-BASED MILK MENU BOOK

Chapter 1

プラントベースミルクの知識＆
ミルクビバレッジ活用のコツ

PART

01

プラントベースミルクとは

世界で人気拡大中のプラントベースミルク。
その流れは日本のカフェ業界にも！
注目のプラントベースミルクとは何なのか？
海外事情から日本の現状に迫る。

監修／浅倉　亜美（あさくら・あみ）
青山学院大学　経営学部・早稲田大学大学院　商学研究科卒（MBA）。シニアオーガニック料理ソムリエ、植物性料理研究家協会アドバイザー・講師／プラントベースアドバイザー講座講師。企業の経営課題解決支援や組織開発事業の立ち上げを行う中、マクロオビオティックと出会い、プラントベースなライフスタイルを実践。国内外のプラントベース事情にも精通。プラントベースと暮らしの研究室「プラントベース・ラボ」主宰・主席研究員。

コロナ禍で高まる健康志向を背景に注目を集めるプラントベースミルク

世界的なコロナ禍の影響で、消費者の健康志向が高まり、ヘルシーなプラントベースミルクに注目が集まっている。プラントベースミルク（Plant Based Milk）とは、豆乳をはじめとする植物性食材から作られた代替ミルクの総称で、健康への効果はもちろん、食糧問題、気候変化など、地球規模の課題解決の糸口として、その影響力や効果が期待されている。

例えば海外では、米国のプラントベース（＊1）市場で最大のカテゴリーはプラントベースミルクで、市場全体の40%を占める。売り上げ推移も、2010年時点での１位は豆乳だったが、2012年頃にはアーモンドミルクが追い抜き、2018年頃以降オーツミルクが急激に伸びて2020年には豆乳を抜くなど（＊2)、プラントベースミルク市場の勢力図にも変化がみてとれる。

欧州でも、健康への関心に加え、環境や社会に配慮して行動するエシカル志向も追い風となり、プラントベース市場が盛況だ。欧州で同市場を牽引するドイツでも、プラントベースミルクが圧倒的なシェアを占める。さらにドイツでは畜産業界での食品スキャンダルや人権問題、動物福祉の啓蒙活動などの影響から、ヴィーガンやベジタリアンとは異なる層もプラントベースフードを選ぶ機会が増えている（＊3)。プラントベースフード市場拡大の原動力となっているのは、こうしたゆるやかに動物性食品の摂取を控える「フレキシタリアン」（＊4）の存在も大きい。

日本でも、消費者が試したことがあるプラントベース食品はミルクが最も多いというデータもあり（＊5)、世

欧米ではすでにプラントベースフードが一般の市場に浸透している。スーパーマーケットではプラントベースミルクだけでも様々な種類が並ぶ。写真はドイツと米国の大手スーパーの売り場。ミルクのサイズは日本よりも大きい。

界的にプラントベースミルクへの注目が高まっていることがうかがえる。

プラントベースミルクのメリット

プラントベースミルクのメリットは主に以下の3つ。

①**健康・美容面**／アレルギーなど体質的に牛乳を飲めない人も摂取可能であること。牛乳に比べると、低脂肪で食物繊維が豊富、コレステロールフリーなどの特徴があり、牛乳にはない栄養成分も摂取できるのが魅力。代表的なプラントベースミルク3種と牛乳の栄養成分を比較すると（＊6）、タンパク質は牛乳に比べると少なめだが、豆乳は、牛乳と同等程度のタンパク質を含む。またオーツミルクは、食物繊維が豊富。アーモンドミルクは、低カロリーに加えて低糖質など、用途や好みに応じたミルクの選択の幅が広がる。

②**多様な価値観への対応**／世界には宗教的、思想的な価値観が異なる人々が存在し、動物性食品を一切摂らないヴィーガンや、ベジタリアン、アニマルウェルフェア（動物愛護）の観点から牛乳を含む動物性食品を避ける人々もいる。こうした事情にも柔軟に対応でき、食の選択肢を広げることが可能な点が評価されている。

③**地球環境への影響**／プラントベースミルクは牛乳に比べてCO_2などの温室効果ガスの排出量が1/3以下、また家畜や作物を育てるために必要な土地面積も、牛乳の1/10以下程度ですむ場合が多く、様々な点でプラントベースミルクは環境負荷が少ないとされている。

代替乳の枠を超えていく
プラントベースミルク

＊2　米国における植物性ミルクの売り上げ推移

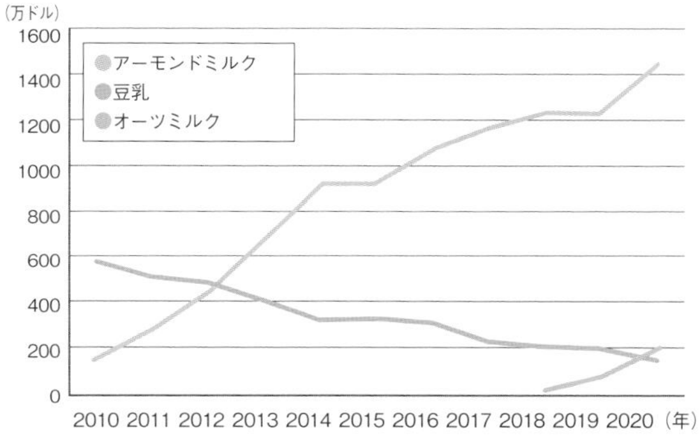
(万ドル)
1600
1400
1200
1000
800
600
400
200
0
アーモンドミルク
豆乳
オーツミルク
2010 2011 2012 2013 2014 2015 2016 2017 2018 2019 2020（年）

出典／New Nutrition Business “10key Trends in Food,Nutrition & Health 2021 “

＊5　消費者が「試したことがある」プラントベース食品は植物性乳（ミルク）が最も多い

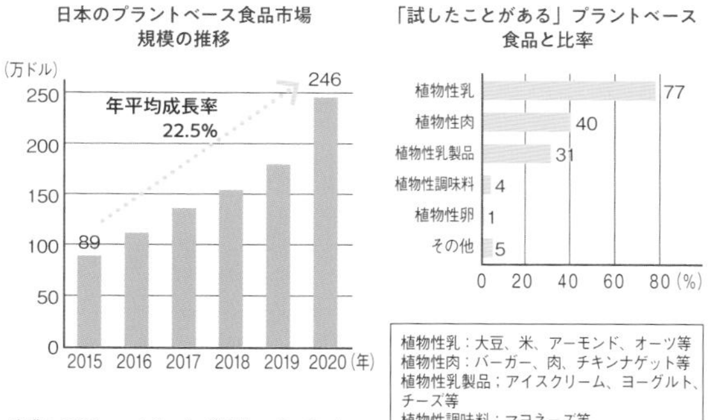
日本のプラントベース食品市場規模の推移
(万ドル)
250
200
150
100
50
0
年平均成長率
22.5%
89
246
2015 2016 2017 2018 2019 2020(年)
「試したことがある」プラントベース食品と比率
植物性乳 77
植物性肉 40
植物性乳製品 31
植物性調味料 4
植物性卵 1
その他 5
0 20 40 60 80(%)
植物性乳：大豆、米、アーモンド、オーツ等
植物性肉：バーガー、肉、チキンナゲット等
植物性乳製品：アイスクリーム、ヨーグルト、チーズ等
植物性調味料：マヨネーズ等

出典：TPCマーケティングリサーチ、Satista

＊6　栄養成分比較　　＊200mlあたり

	オーツミルク	アーモンドミルク	豆乳	牛乳
エネルギー	100kcal	39kcal	88kcal	122kcal
タンパク質	1.6g	1.0g	7.2g	6.6g
食物繊維	3.6g	3.0g	0.2g	0g
カルシウム	-	60ml	30ml	220ml
糖質	11.4g	0.9g	5.8g	9.6g
コレステロール	0mg	0mg	0mg	24mg

出典：オーツミルク／GO-GOODおいしいオーツ麦ミルク　なめらかプレーン（日本コカ・コーラ社）／アーモンドミルク／アーモンド効果　砂糖不使用（グリコ）／牛乳・豆乳／食品標準成分表2020年版（八訂）

ひとくちにプラントベースミルクと言っても、様々な種類がある。日本人にはなじみのある豆乳もプラントベースミルクのひとつ。牛乳を豆乳に置き換えた「ソイラテ」はすでに定番化している。世界的カフェチェーン「スターバックスコーヒー」でも、日本では定番のソイミルク（豆乳）に加え、2020年以降、順次アーモンドミルク、オーツミルクの提供を開始。2022年4月からは、ラテなど一部商品でプラントベースミルクへのカスタマイズの追加料金を撤廃し、話題となった。

最近、豆乳、アーモンドミルク、オーツミルクに加え、新たなプラントベースミルクも続々登場している。今後は牛乳（動物性ミルク）の代替品という枠を超え、味わいや栄養価など、その多様性から商品選択の幅を広げ、それぞれの特徴をどう価値化するかがポイントである。

＊1　「プラントベース（Plant-based）」は、植物由来の、という意味。プラントベースフード、植物性由来の〝食品〟という意味と同時に、植物性由来の製品を取り入れた〝ライフスタイル〟を指す場合もある。

＊3　出典：ベジタリアン・ヴィーガン市場に関する調査（英国、フランス、ドイツ）／日本貿易振興機構（ジェトロ）2021年3月

＊4　フレキシタリアンは、「柔軟な」を意味する「フレキシブル（flexible）」と、「ベジタリアン（vegetarian）」を合わせた造語。基本的には植物性食品をとることが多いが、場合に応じて肉や魚など動物性食品もとることがあるのが特徴。ベジタリアンとは「菜食主義者」の総称で、肉類だけを避け、卵や牛乳はOKという場合もある。ヴィーガンは完全菜食主義のことで、一切の動物性食品をとらない。さらに動物性製品も身につけない場合もある。

PART

02

カフェにおける主要プラントベースミルク３種

コロナ禍などを背景に、
健康志向が高まり
人気上昇中のプラントベースミルク！
ここでは特に人気が高い
定番３種の気になる味わいや
栄養面を中心に紹介。

オーツミルク

OAT MILK

クセのない自然な甘みで幅広い用途に

DATA

■主原料：オーツ麦（えん麦）
■味・風味・テクスチャー：麦の自然な甘み、香ばしさとコク、とろみ
■価格：¥300～／ℓ（目安）
■栄養的特徴：食物繊維多め・低カロリー・低糖質
■注目成分：βグルカン（水溶性食物繊維）など

- 自然な甘みでクセがなく、クリーミーな口当たり。牛乳同様にきめの細かい泡を作ることが可能。温かい飲み物に加えても分離しにくい特性がある。コーヒーとの相性もよいため、代替ミルクとして使用するカフェが急増中。
- βグルカンと呼ばれる水溶性繊維が豊富で、整腸作用やコレステロール値の上昇を抑える効果が期待できる。胃腸への負担が少なく、消化もおだやか。低脂質。
- オーツ麦由来の栄養素のほか、製品によっては、栄養素（カルシウムなど）が追加され、強化されているものもある。
- 穀物の一種なので、大豆やナッツ類アレルギーにも対応可能。
- 最近ではバリスタ仕様の製品も開発され、各コーヒーチェーンでの取り扱いもスタート。人気急上昇中。

▶注意点：天然の糖質を多く含むため、摂り過ぎるとカロリー過多になる可能性がある。

オーツミルク（無糖）200mlあたり

	A	B
エネルギー（kcal）	102	92
タンパク質（g）	2.0	0.6
脂質（g）	2.0	2.8
糖質（g）	16.0	14.4
食物繊維（g）	2.0	3.0
食塩相当量（g）	0.2	0.2
カルシウム（mg）	-	240＊
コレステロール（mg）	0	0

出典：A　オーガニックオーツミルク／isola　BIO（イソラビオ）
　　　B　オーツミルク　オーツ麦の甘さだけ／alpro（アルプロ）
　　　　＊カルシウム添加

アーモンドミルク

ALMOND MILK

香ばしい香りと
すっきりした味わいが魅力

DATA

■主原料：アーモンド
■味・風味・テクスチャー：アーモンドの香り、サラリとしている
■価格：¥300～／ℓ（目安）
■栄養的特徴：低糖質、低脂質、低カロリー
■注目成分：ビタミンE、食物繊維、オレイン酸など

●甘みは少なく、低脂質なのでサラリとした食感で、ほのかに杏仁豆腐のような香りを感じるローストアーモンドを使用した香ばしい風味の製品もある。アーモンドの香りとコーヒーは相性がよく、牛乳をアーモンドミルクにカスタマイズした「アーモンドラテ」はすっきりとしながらもコクがある。
●低カロリー、低糖質（甘味料不使用の場合）、コレステロール0のため、ダイエットにも向く。
●抗酸化作用があるビタミンEが豊富に含まれており、アンチエイジング効果が期待できる。オレイン酸は血糖値の上昇抑制効果やコレステロール値を低下させる働きがあるとされる。食物繊維は整腸作用、肥満や生活習慣病の予防・改善が期待できる。

▶注意点：ビタミンEの過剰摂取は骨粗しょう症のリスクが高まる可能性がある。原料のアーモンドは食物アレルギーの原因になることがあるので摂取の際には注意が必要。製品によってはカルシウムを添加しているものもある。

アーモンドミルク 200mlあたり

	A	B	C
エネルギー（kcal）	50	39	129.6
タンパク質（g）	1.4	1.0	5.8
脂質（g）	3.4	2.9	11.2
糖質（g）	2.6	0.9	0.8
食物繊維（g）	0.6	3.0	1.4
食塩相当量（g）	0.1	0.5	0.0
カルシウム（mg）	-	60	55
コレステロール（mg）	0	0	0

出典：A　アーモンドミルク（無糖）／isola　BIO（イソラビオ）
B　アーモンド効果（砂糖不使用）／江崎グリコ
C　濃いアーモンドミルク／筑波乳業

豆乳

SOY MILK

栄養たっぷり！
根強い人気の定番ミルク

DATA

■主原料：大豆
■味・風味・テクスチャー：濃厚な豆の香りと甘み、クリーミー
■価格：¥150～400／ℓ（目安）
■栄養的特徴：高タンパク質、低糖質
■注目成分：タンパク質、大豆イソフラボン、サポニン、オリゴ糖、リノール酸など

●豆乳には大きく分けて無調整豆乳（大豆と水のみ）、調整豆乳（砂糖、油脂、香料などを加えたもの）がある。
●プラントベースミルクの中ではタンパク質含有量が高い。脂質は高めだが、多価不飽和脂肪酸（体内で生成できない必須脂肪酸のリノール酸、リノレン酸）が主体。
●大豆イソフラボンは女性ホルモンに似た働きをすることで知られ、経年による女性ホルモン低下を補い、骨粗しょう症予防やアンチエイジング効果が期待できる。サポニンは体に有害な過酸化脂質（酸化された脂肪）の生成を抑制する抗酸化作用がある。オリゴ糖は腸内環境を整える善玉菌の栄養源となり、免疫力アップや便通をよくする。

▶注意点：豆乳など未発酵の大豆製品は、消化に負担がかかることと、摂り過ぎると性ホルモンのバランスを崩す一因になることも。摂取量には注意が必要。また熱いコーヒーに豆乳（無調整）を加えると、コーヒーの酸味と豆乳のタンパク質が熱で反応してダマができることがある。

豆乳　200mlあたり

	A
エネルギー（kcal）	92
タンパク質（g）	7.6
脂質（g）	4.2
糖質（g）	6.1
食物繊維（g）	0.2
食塩相当量（g）	0.0
カルシウム（mg）	32
コレステロール（mg）	0

出典：A　豆乳　日本食品標準成分表2020年（八訂）

その他の
プラントベース
ミルク

近年、多種多様なプラントベースミルクが
登場し、代替乳の用途の枠を超え、
様々な用途や好みに合わせて選ぶことが可能。
ここでは栄養的特徴を中心に紹介。

ライスミルク

RICE MILK

DATA

■主原料：白米、玄米、米粉
■味・風味・テクスチャー：米の甘み、穀物の香りがほんのり、さらりとしたもの、とろみのあるものなど。
■栄養的特徴：低脂質、・アレルゲンフリー（28品目）
■注目成分：ビタミン、ミネラル、食物繊維など

元々は欧州で乳製品や大豆アレルギー対策として普及。米を主食とする日本人にはなじみやすい味わい。玄米由来のものはビタミン、ミネラル、食物繊維が豊富。過摂取は糖分過多の恐れがある。現在は国内外の様々な製法・味わいのライスミルクが入手可能。

ウォールナッツミルク

WALNUT MILK

DATA

■主原料：くるみ
■味・風味・テクスチャー：さらりとした口当たり、ほのかな甘み
■栄養的特徴：低糖質、良質な脂肪、ビタミン・ミネラルが豊富
■注目成分：不飽和脂肪酸（オメガ3脂肪酸）、カリウム

ほのかな甘みと特有の香ばしさがある。良質の脂質（不飽和脂肪酸）であるオメガ３脂肪酸の血管を柔軟にして血流を良くする効果が、冷えの改善にも効くとされる。また体内の水分バランスを調整するカリウムは、むくみを予防する。

ココナッツミルク

COCONUT MILK

DATA

■主原料：ココナッツ（胚乳部分）
■味・風味・テクスチャー：甘く南国風の香り、濃厚でクリーミー
■栄養的特徴：脂質は多め、低糖質
■注目成分：カリウム、マグネシウム、鉄分など

脂質は多めだが、中鎖脂肪酸は素早くエネルギーになるため、体脂肪として蓄積されにくい。塩分の排出を促してむくみ改善、血圧を下げるカリウムも豊富。濃厚なので単独で用いる際は使用量に注意する。

カシューナッツミルク

CASHEW NUT MILK

DATA

■主原料：カシューナッツ
■味・風味・テクスチャー：クセがなく濃厚な味
■栄養的特徴：低糖質、必須ミネラルが豊富
■注目成分：不飽和脂肪酸（オレイン酸）、・ビタミンB、鉄、亜鉛、マグネシウムなど

体内でつくることができない、亜鉛、鉄、マグネシウムなどの必須ミネラル、ビタミン、オレイン酸などがバランスよく含まれる。味覚を正常に保つ働きや、免疫力とも関わりの深い亜鉛含有量はナッツ類の中ではトップクラス。

ヘーゼルナッツミルク

HAZELNUT MILK

DATA

■主原料：ヘーゼルナッツ
■味・風味・テクスチャー：ナッツ特有の甘い香りと旨み
■栄養的特徴：低糖質
■注目成分：不飽和脂肪酸（オレイン酸）、ビタミンE、B_{12}など

特有のビターな香りと香ばしさはコーヒーやチョコレートと相性がよい。オレイン酸の含有量はナッツの中でトップクラス。アンチエイジング効果のあるビタミンE、血液細胞やDNAの生成を助けるとされるB_{12}も含まれている。

ピスタチオミルク
PISTACHIO MILK

DATA

■主原料：ピスタチオ
■味・風味・テクスチャー：ピスタチオの香り＊
■栄養的特徴：低糖質
■注目成分：不飽和脂肪酸（オレイン酸、リノール酸）、カリウム、ビタミンB_1、食物繊維など

カリウムは利尿作用があることから高血圧予防やむくみ改善に効果がある。ビタミンB_1は疲労回復効果、オレイン酸やリノール酸はコレステロール値を下げる働きがあるとされる。　＊国内で入手可能なものは、他の植物性ミルクなどと混合したもの。

ヘンプミルク
HEMP MILK

DATA

■主原料：ヘンプシード
■味・風味・テクスチャー：さらりとした口当たり
■栄養的特徴：必須アミノ酸全9種を含み、ミネラルが豊富
■注目成分：必須アミノ酸、鉄分、食物繊維など

スーパーフードとしても知られるヘンプシード（麻の実）が原料。身体に必要不可欠な9種類の必須アミノ酸すべて補うことができることで注目される。鉄分はレバーの約7倍、食物繊維はさつま芋の約20倍含まれている。

イエローピーミルク
YELLOW PEA MILK

DATA

■主原料：黄えんどう豆
■味・風味・テクスチャー：クセがなくクリーミー、すっきり
■栄養的特徴：高タンパク質、低糖質、低脂質
■注目成分：タンパク質など

プラントベースミルクの新顔。タンパク質を多く含み、牛乳に似た味わい。えんどう豆はプラントベースミートの主原料としても知られ、環境負荷が小さいことでも注目されている。コーヒーや紅茶に加えても分離しにくく、カフェでの導入にも向く。

マカダミアナッツミルク
MACADAMIA NUT MILK

DATA

■主原料：マカデミアナッツ
■味・風味・テクスチャー：さらりとした口当たり、ナッツのコク
■栄養的特徴：栄養価が高く、ビタミン、ミネラル、食物繊維、不飽和脂肪酸（オレイン酸）が豊富。
■注目成分：オレイン酸、ビタミンE、パルミトレイン酸など

マカダミアナッツ特有のコクがあり、後味もよい。腸内環境を整えるオレイン酸が豊富。ビタミン、食物繊維、ミネラル類をバランスよく含む。高血糖や高血圧などの予防効果があるパルミトレイン酸、抗酸化作用のあるビタミンEを含む。

チックピーミルク
CHICKPEA MILK

DATA

■主原料：ひよこ豆
■味・風味・テクスチャー：ほのかに甘い、濃度は製品により異なる
■栄養的特徴：低脂肪、高タンパク質
■注目成分：葉酸など

ひよこ豆からつくられたミルク。同じ豆類の大豆と同じく高タンパク質、ビタミン、ミネラル、食物繊維の供給源として、また次世代プラントベースミルクとして注目されている。特に乳幼児や成長期の子どもの発育促進にも欠かせない葉酸が豊富。

【プラントベースミルクを選ぶ際のポイント】

- 原材料名／プラントベース（植物由来）の主原料以外の添加物をチェック。コクやとろみをつけるために油脂を加えていたり、栄養的成分強化のためにカルシウムなどを添加した製品もある。用途と目的にあったものを選ぶ。
- 保存期間／特殊なパックに無菌充填されていることが多いため、開封前なら一般的には常温2～3か月保存可能。開封後は雑菌などが繁殖しやすくなるため、冷蔵で2～3日を目安に使いきる。
- アレルギー対応／グルテンフリーとあっても、グルテンを含む原料と同じ製造ラインで加工されることもあり、微量ではあるものの二次的に含む可能性があるので注意が必要。

PART

03

プラントベースミルク×SDGs

プラントベースミルクは
一過性の流行ではなく、
今や定着しはじめた食の選択肢のひとつ。
ここでは、カフェ業界とSDGs、
そしてプラントベースミルクとの
関わりについて紹介。

©Oksana Mizina/Shutterstock

プラントベースミルクとSDGs

近年、日本でもSDGsという言葉は、いろいろなシーンで使われているが、欧米諸国の状況に比べると発展途上であるといえる。

SDGsには17の目標が設定されており、その中でも、目標13「気候変動に具体的な対策を」は、プラントベースミルクとも関わりが深い。

畜産業の環境負荷問題へ関心が高まっている欧米では、牛乳を代替する存在（代替乳）としてのプラントベースミルクに注目が集まっている。

気候変動、地球温暖化の原因となる温室ガス排出は、牛乳とプラントベースミルクを比べると、牛乳の1/3程度。さらに生産に必要な水の量、土地の広さともに、牛乳に比べると少なくてすみ、環境負荷が低い傾向にあるとされている。こうした点からもプラントベースミルクは環境への配慮があること、おいしくてヘルシーなどのメリットから、世界的に選ばれる動きがみられる。

カフェ業界とSDGsの関わり

日本でもSDGsの広がりを背景に、カフェ業界でも、フードロスや資材の削減、エコ素材の導入、プラントベースをコンセプトにした店など、すでにSDGsを意識した取り組みをはじめているコーヒーチェーンや企業、店も徐々には増えている。「ドトールコーヒーショップ」「コメダ珈琲」「小川珈琲」「上島珈琲店」…など、サステナブルな（持続可能な）未来のためにSDGsを支援しているコーヒーチェーンも少なくないが、カフェ業界全体でみると、SDGsへの取り組みは発展途上にある。

プラントベースミルクに比べて環境負荷が大きいと言われる牛乳だが、体づくりに必要なタンパク質、カルシウム、炭水化物（糖質）、脂質をバランスよく一度に摂れる「準完全栄養食品」といわれている。プラントベースミルクも牛乳も過度に依存するのではなく、バランスよくつきあっていくことが大切。

さらに長期的、地球規模の視点でみると、SDGsの採択が示すように、現在、世界的に影響を及ぼす環境変化や社会的問題が数多くある。このまま何も対策を講じず、地球環境に負荷を与えて続けていくと、世界的な食糧危機をはじめ様々な困難に陥る可能性が高い。そうなれば、カフェ業界としても営業を続けることができなくなる可能性がある。一見、関係がないようで、実はとても関わりが深い問題であり、未来を見据えて営業していくためには、持続可能な社会である必要があり、それぞれが自分事として身近な事例から取り組んでいくことが重要になる。

プラントベースミルクでＳＤＧｓに貢献

そういう視点でみると、環境負荷の少ないプラントベースミルクを導入することは、SDGsに貢献するアクションになる。プラントベースミルクは、比較的保存期間が長く、常温保存可能なものが多いため、フードロス軽減やエネルギー削減に貢献することができる。

今後は、プラントベースミルクも代替乳というイメージを超えて、おいしくてヘルシーなメニューの選択肢の一つとして提案できれば、より多くの人が選ぶことができるようになり、食の多様性に貢献することにもなる。さらに新規客を獲得するきっかけになり、ビジネスチャンスが広がるメリットもある。

SDGsを意識した取り組みを行うことは、対消費者だけでなく、働く人材を確保するきっかけにもなる。特にZ世代（＊1）と呼ばれる若い世代は「SDGsネイティブ」と呼ばれ、環境問題や社会課題への問題意識が高い。働くモチベーションとしても、社会貢献への意識が高いといわれている。SDGsへの取り組みを進めることは、こうした人材確保の点でも有効な取り組みになる。

＊1：　Z世代は「1990年半ば頃〜2010年代生まれの世代」（諸説あり）で、今後の社会の担い手になる世代。Webメディアなどによる情報収集が得意、社会問題への関心が高い、「自分の価値観にあうかどうか」などを大事にするといった傾向があると言われる。

監修・浅倉氏おすすめの本。世界をリードする科学者と政策立案者の綿密な調査に基づき、地球温暖化を「逆転」させる具体的な方法を示した注目の書。本では「日常の食こそが最大の環境インパクト」とあり、日々の食の選択も環境問題解決への糸口になることを提示している。

▶DRAWDOWNドローダウン—地球温暖化を逆転させる100の方法　ポール・ホーケン著（山と溪谷社）

SDGs（エス・ディー・ジーズ）は、Sustainable Development Goals（持続可能な開発目標）の略称。2015年9月の国連サミットにおいて全会一致で採択された「持続可能な開発目標」のこと。その目標（ゴール）は17個あり、それらを達成するための具体的な169のターゲットで構成されている。

1　貧困をなくそう
2　飢餓をゼロに
3　すべての人に健康と福祉を
4　質の高い教育をみんなに
5　ジェンダー平等を実現しよう
6　安全な水とトイレを世界中に
7　エネルギーをみんなに そしてクリーンに
8　働きがいも経済成長も
9　産業と技術革新の基盤をつくろう
10　人や国の不平等をなくそう
11　住み続けられるまちづくりを
12　つくる責任つかう責任
13　気候変動に具体的な対策を
14　海の豊かさを守ろう
15　陸の豊かさも守ろう
16　平和と公正をすべての人に
17　パートナーシップで 目標を達成しよう

PART

04

プラントベースミルク×インバウンド対策

来るべき本格的なインバウンド回復に向け
食の多様性や食のバリアフリーを
キーワードに取り組む必要がある。

ポストコロナのインバウンド復活に備える

日本政府観光局によると、訪日外国人の数はコロナ禍前までは順調に増加しており、東京オリンピック・パラリンピック2020開催に向けて、ベジタリアンやヴィーガン、ハラール対応など、食の多様性への対応も準備がすすめられていた。ところが2019年以降、新型コロナウィルス感染症の拡大により、2021年の訪日外国人旅行者数は、コロナ以前の2019年比で99.2％減。さらに2020年比でも94.0％減と、著しく減少した（＊1）。やむなく休業や大幅な営業縮小に追い込まれた店も少なくない。このような厳しい状況ながらも新型コロナウイルスの感染拡大がようやく落ち着きつつある今、今後のインバウンド回復が期待されている。こうした流れに乗り遅れないよう、早めにインバウンド客の需要に備えておく必要がある。

プラントベースで
食のバリアフリーをサポート

飲食店におけるインバウンド対応のひとつとして、よく言われるのが、食の多様性への対応である。世界には様々な嗜好や文化的、宗教的背景を持つ人々がいて、ひとくちに多様性への対応といっても、あまりにも多岐にわたるため、どこから取りかかればよいかわからない、という声も多い。

＊1　訪日外国人数 直近10年間 2021年度版

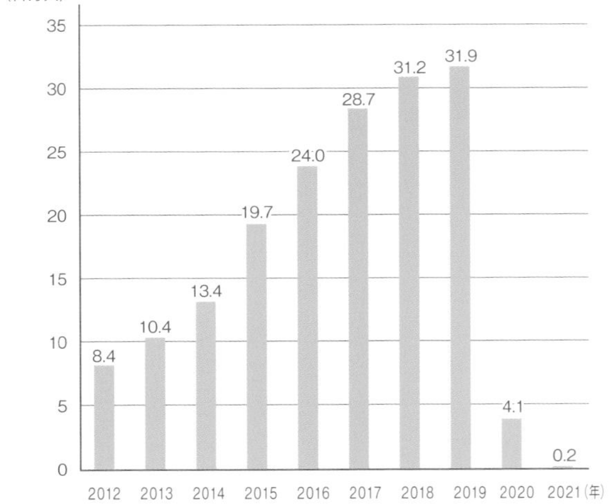

出典：日本政府観光局

確かに、ハラール、ヴィーガン、アレルギー（＊2）など、個別に対応するとなると、別に食材を用意したり、新しいオペレーションが必要になるなど、対応が大変である。

ここは発想を変え、食べられないもの、禁止されているものではなく、共通して食べられるものにフォーカスをすると、シンプルでわかりやすくなる。そして、これらの共通項となるのがプラントベースを軸とした食事である。これをベースにして、それぞれに可能な対応をプラスしていくと取り組みやすくなる。

例えば、日本においても従来からなじみのある豆乳などに加えて、オーツミルクやアーモンドミルクといった新顔プラントベースミルクを導入することも一案。ドリンクはもちろん、料理やスイーツまで応用範囲が広いプラントベースミルクは、食の多様性を可能にし、さまざまな価値観や条件を持つ人が一緒に同じ食事を楽しめる「食のバリアフリー」を支えるための心強い食材のひとつになる。

インバウンド客の多様なニーズに対応する

観光庁が発表している「訪日外国人消費動向調査」によると、来日するインバウンド観光客は「食」を楽しみにしている人が多く、この傾向は今後も続くと思われる。一方、日本で食事をするうえで、「メニューが多言語対応されていない」「異文化や宗教への配慮に欠ける」などで、訪日客が困ったというケースも報告されている。

多言語メニューに関しては、各自治体が「多言語メニュー作成ツール」を無料提供している場合も多い。そうしたサービスを活用するのも一手。また「異文化や宗教への配慮」については、観光庁からも「多様な食文化・食習慣を有する外国人客への対応マニュアル」が公開されているので、参考にするとよい。

＊2：　大豆、小麦、ナッツ類など、プラントベース食品にもアレルギーの原因になる食品があるので注意が必要。

欧米では、環境への意識も高く、プラントベースミルクをはじめ、プラントベースフードが日常的な選択肢になっており、生活に溶け込んでいる。写真は米国（右）、ドイツ（左）のプラントベース食品売り場。プラントベースミルクの他にも植物性由来のミートやチーズなど多種多様な商品が売られており、売場は年々拡大しているという。

CHECK IT OUT!!

プラントベースメニューを訪日観光客にも発信！

各自治体の多言語メニュー作成サイトを活用してみる

自治体のウェブサイトから、手軽に多言語メニューを作成することができる「多言語メニュー作成サイト」は無料であることも魅力。メニューを作成・店舗登録すると、登録飲食店などをエリア別、ジャンル別に掲載したり、外国人観光客向けに、多言語メニューがある店舗であることを発信できるなど、インバウンド客の獲得をサポート。

▶多言語メニュー作成ウェブサイト（東京都）
EAT東京（無料・要会員登録）
URL／https://www.menu-tokyo.jp/menu/

「多言語メニュー作成支援ウェブサイト　自治体」などのキーワードでネット検索すると、東京都以外にも、多くの自治体で飲食店向けの多言語メニュー作成サイト（無料）が開設されているので参考になる。

観光庁のサイトから、飲食店向けの外国人対応マニュアルも入手可能

政府は外食産業の向上・充実を図ることを目的として、外国人客接遇マニュアルを作成し、公開している。サイトからダウンロード、プリントアウトも可能。インバウンド対応の参考に。

▶多様な食文化・食習慣を有する外国人客への対応マニュアル（観光庁）
URL／https://www.mlit.go.jp/kankocho/shisaku/sangyou/taiou_manual.html

World Barista Report 1 アメリカ・ニューヨーク&シカゴ

Chicago　New York

Hiroshi Sawada
澤田洋史バリスタ

大阪府出身。「ラテアートワールドチャンピオンシップ2008」にて歴代最高スコアで優勝。現在、アメリカで自身のカフェ2店舗を展開する他、ニューヨーク、香港、韓国でプロデュース店『HYPEBEANS』をオープン。

sawada coffee http://sawadacoffee.com/

2015年、シカゴでオープン。澤田バリスタが開発した「Millitary Latte®」（抹茶を用いた迷彩柄のラテ）等、他と一線を画すメニューや空間でファンをつかみ人気店に。写真は2019年オープンのニューヨーク店。

オーツが一番人気。アーモンド、マカダミアナッツも採用

私のバリスタとしての歩みは、シアトルから始まりました。シアトル留学中に『カフェ ラドロ』のフリーポア・ラテアートに魅了されて、そこで働くことに。2001年の頃ですが、ラドロでは牛乳と低脂肪乳に加え、代替乳として豆乳とライスミルクを置いていました。今でこそハンドドリップコーヒーやコールドブリューといったスタイルも浸透していますが、当時はエスプレッソベースのドリンクがメインで、とりわけラテアートが話題を呼んでいた時代。バリスタにとってプラントベースミルクは、アートが描きづらく、描けてもすぐ滲んでしまい、おまけに味も良くないという扱いにくいものでした。それでも、ミルクビバレッジの10%近くが豆乳やライスミルクによるものだったので、ニーズがあったんですね。

その後、2015年にシカゴに自分の店を出すことになりますが、その頃アメリカではアーモンドミルクと豆乳が人気でした。現在はオーツミルクが市場を拡大しています。私の店でもいろいろなミルクを試してきましたが、豆乳は最近人気がなく、ロスになるためメニューから外しています。今は、オーツ、アーモンド、マカダミアナッツを揃えていますが、オーツが一番人気で、他2種類は同じくらいの出数です。この3種類のミルクはお客様の要望によって採用しているもので、味の良さから支持されていると思います。

連日行列ができるというシカゴ店。日本だとコンビニエンスストアや自動販売機の手頃なコーヒーも親しまれているが、アメリカではコーヒーはカフェで楽しむもの。シカゴは高所得者が多く、1日に何度も来店するお客も。

同店がアメリカのコーヒーシーンに抹茶とほうじ茶を持ち込んだ。自身が商品開発した「澤田抹茶」を使った「Matcha Latte」と、ほうじ茶を使った「Black Camo Latte®」。いずれも12oz、5.70 $。

牛乳の代替品としてではなく、味や栄養価から、プラントベースを選ぶ時代に

シカゴ店では、現在50～60%のお客様がプラントベースミルクを選んでいます。アメリカはヴィーガンの人ももちろん多いのですが、お客様の注文の仕方を見ていると、牛乳の代わりというよりも、「アーモンドの味や香りが好みだから」とか「ビタミンを摂りたいから今日はこのミルク」など、味や栄養価を考えてミルクを選択しているようです。

私の店では、ミルクビバレッジのベースがエスプレッソだけでなく抹茶やほうじ茶などもありますし、そこにミルクのバリエーションも加わるので、多様な飲み方を楽しんでいただいています。私自身も、チャイティーラテであれば、牛乳よりもさっぱりした味わいのプラントベースミルクを合わせる方が、チャイのスパイシーさをより感じられて好みです。

ラテアートの視点でいえば、どう頑張っても牛乳と同じようには描けません。ですが、いまのお客様は、そうした見た目より「味やアレンジ」の方を重視しているように私は感じます。とりわけ私の店があるシカゴやニューヨークは大都市で、健康志向の人、グルメな人が多いので、それも背景になっているのかなと思います。

World Barista Report 2　オーストラリア・メルボルン

Photo by Tyson Stagg

Toshiyuki Ishiwata

石渡俊行バリスタ

神奈川県出身。ワーキングホリデーをきっかけに、オーストラリアでバリスタとしてのキャリアをスタート。2006年、『マーケットレーンコーヒー』に入社。現在は品質管理責任者と焙煎士を兼任し、同店の味の要として活躍する。

Melbourne

market lane coffee　https://marketlane.com.au/

Photo by Armelle Habib

メルボルンを代表する人気カフェ。2009年に創業し、現在7店舗を展開。オフィス街、観光地など立地ごとにコンセプトが異なり、個店のような雰囲気も魅力だ。写真は南メルボルンの「Covetry street店」。

環境への負荷が少ないオーツミルクを選択

私たちのカフェでは、「クオリティ第一」「カスタマーサービス」を理念とし、コーヒーのサステナビリティの明確化や環境に配慮した取り組みも重視しています。それらの一貫としてプラントベースミルクも導入しています。

創業時は豆乳でした。味が良く人気のブランドでしたが、うちのコーヒーが浅煎りなこともあり、ダブルショットを合わせせると分離してしまうことがあり、食感や味に影響する点で折り合いがつかず、提供をとりやめました。

その後プラントベースミルクの空白期間があるのですが、お客様からの需要はあって、そういう時はブラック系やハンドドリップコーヒーをおすすめしていました。ご提案に応じてくださる方もいれば、ご納得いただけないこともあり、2020年からあらたにオーツミルク「マイナーフィギュアズ」を導入しています（7月から、同シリーズのオーガニック製品に移行予定）。

Photo by Abigail Varney

自家焙煎のスペシャルティコーヒーを、常時6〜7種揃える。店ではシングルオリジンのハンドドリップコーヒーも提供。コロナ禍では、日本同様に自宅での需要が高まり、同店ではサブスクリプションを展開し好調だった。

写真はオーツミルクの「カフェラテ」5.50$。より多くの人に試してもらい楽しんでほしいと、牛乳と同じ価格で提供する。エスプレッソのコーヒー豆は、「シーズナルブレンド」と、時期によって入れ替えるシングルオリジンの2種。

Photo by Tyson Stagg

オーツミルクは、製造において環境への負荷が少ないことで採用が決まりました。マイナーフィギュアズはイギリスのブランドですが、数年前からオーストラリアにも拠点を置き、国産の材料を用いて国内の工場で製造しています。味はもちろん、そうした安心感や流通の利便性も決め手になりました。

オーツミルクでの
ミルクビバレッジの注文率が増加

豆乳を使っていた頃は、エスプレッソドリンクの20%がブラック系、80%はミルクビバレッジでそのうち10〜15%が豆乳によるものでした。現在は、全体の75%がミルクビバレッジで、うち33%がオーツミルクでのオーダー。調べてみて、私自身その多さに驚いています。

高血圧や肥満等、健康に配慮してオーツミルクを選んでいるお客様が多い印象です。オーストラリアは、ベジタリアンやヴィーガン、動物愛護の人も多いですね。また、牛乳があまり飲めない体質の方もいるので、様々な理由でニーズが高まっていると推測しています。

プラントベースミルクを考慮した
焙煎、ブレンドが必要

ちなみに、スーパーでよく見かけるのはソイ、オーツ、アーモンド、ライス。他にはココナッツやマカダミアも。また、例えばオーツひとつとっても、低脂肪やバリスタ仕様など、豊富に揃っていますね。品揃えや品質が良くなったことも、人々がプラントベースを選択する動機づけになっているように思います。

私はコーヒーの品質管理や焙煎を担う立場として、ブレンドを作る際にブラックはもちろんミルクビバレッジにも合う味を試行錯誤する訳ですが、これからはプラントベースミルクとの相性にも配慮が必要だと感じています。

World Barista Report 3 デンマーク・コペンハーゲン

Copenhagen

Nobuaki Matsui
松井宣明バリスタ

フリーランスバリスタ・ロースター。デンマーク・コペンハーゲン『Democratic Coffee』でバリスタ・ロースターとして7年半勤務。同国国内焙煎大会で2018年優勝、19年3位、20年2位入賞。2020年『Prolog Coffee』に移籍。2021年には永住権を取得、デンマークでの開業を目指し、現在、日本で充電中。

北欧で注目されたのは、オーツミルク

北欧の国・デンマークは、人口580万人ほどの小さな国。コーヒーのレベルは非常に高く、そうした点に将来への魅力と可能性を感じて、首都のコペンハーゲンのカフェで働き始めました。

北欧各国は、いち早くオーツミルクに注目していました。それに対してアメリカなどはアーモンドミルクに関心が高かったように感じています。それは、アメリカ人観光客からアーモンドミルクのリクエストが多かったからです。ただ、北欧ではアーモンドミルクはあまり見かけない。ほとんどがオーツミルクです。

デンマークでオーツミルクが普及したのは、北隣のスウェーデンのメーカー「OATLY（オートリー）」が、2015年頃にオーツミルクの大規模な販促キャンペーンを行ったのがきっかけといわれています。ミルキーさを売り物にしていて、大衆向けの気軽に楽しめるブランドです。私が働いていたカフェで使っていたメーカーは「NATURLI（ナチュアリ）」で、こちらはコーヒーを邪魔しないピュアな味わいだったので、僕が採用しました。

優しい甘さのジューシーなドリンクになる

オーツミルクは、ほんのり甘く、すっきりとした口当たり。牛乳で作るカフェラテの味を再現するのは難しいが、慣れるとクセになるというのが僕の印象です。

お店によっては「ゴールデンラテ」と銘打ち、オーツミルクにターメリックを入れたラテを売っているのを見たことがあります。しかし、スペシャルティコーヒーの魅力を味わってほしいという店が多いですから、それほど凝ったものは見かけたことがありません。

店で働いていると、体感として30％くらいのお客様からオーツミルクをオーダーされます。国としてアレルギーへの知識が周知されているなど健康への関心が高い。それに環境に配慮する人が多いですから、消費者の関心もプラントベースミルクに向いているようです。逆に僕自身は、コーヒーのことに集中したくて、オーツミルクへの関心は、最初は無かったのですが、注文があまりにも多く対応せざるを得なくなったというのが正直なところです。

浅煎りで良質のコーヒーの果実の甘さを表現しようとしても、ハンドドリップーコーヒーにオーツミルクを少量入れると、コーヒーの甘みが消えて酸味が際立つので、「お勧めできないですよ」と言っていたこともありました。しかし北欧では、酸味に対しては寛容な人が多いのか、好まれていました。僕の方も使い慣れるに従い、上手く焙煎して抽出も適正に淹れたコーヒーなら、バランス良く作ると、優しい自然な甘さのあるジューシーなドリンクになるんだなと認識が変わりました。そのことを考えると、オーツミルクは抽出の指標になるんだとも思うようになりました。

Photo by Asaki Abumi

2019年『Democratic Coffee』で働いていた頃の松井さん。バリスタ以外にロースターとしても同店の味づくりにかかわり、お客の評判を集めた。この頃に、オーツミルクにも対応するようになった。

NATURLI
ØKOLOGISK
HAVRE
DRIK
Photo by Asaki Abumi

コペンハーゲン時代に使っていたオーツミルクは「NATURLI」。味わいはマイルドでまろやか。オイルなどの添加物が少な目で、ピュアな味わいがコーヒーの個性を消さないと使っていた。

奥平バリスタが教える

プラントベース ミルクビバレッジ

Plant-Based Milk Beverage

栄養価や種類の多さから、注目が集まるプラントベースミルクだが、
ラテアートにおいては、牛乳とは使ったときの感覚が異なるという声が聞かれる。
そこで本ページでは、ラテアートの名手である奥平バリスタに、
様々なプラントベースミルクを試してもらい、
その中から6つの製品をピックアップし、
ラテアートをメインとしたミルクビバレッジ作りのコツを伺った。

教えてくれるのは…

奥平雄大バリスタ

2010年オーストラリア・メルボルン『Veneziano Coffee Roasters』でバリスタとして修業。2011年、千葉・流山に『CAFERISTA』(現在『cafe merci』に店名変更)を開業。「coffee fest world latte art champion ship 2018 Denver大会」世界3位、「UCC COFFEE MASTERS 2016 latte art championship全国大会」優勝など受賞歴多数。2019年、東京・浅草に2号店『UP TO YOU COFFEE』を開業。ラテアートの第一人者として活躍中。

修業時代に海外で出会い 自らのカフェでも導入

カフェ先進国であるオーストラリアのメルボルンで修業していた2010年頃、現地ではすでにプラントベースミルクが使用されていたという奥平バリスタ。当時扱っていたのは、現地で人気の豆乳「BONSOY(ボンソイ)」だった。帰国後日本ではまだプラントベースミルクはほとんど使われていなかったものの、アメリカで世界大会などに参加し、そこでココナッツやヘンプ、オーツなど様々なプラントベースミルクに接し、知識を蓄えてきた。

ここ数年は日本でもプラントベースミルクが増えていると感じ、2019年2月に東京・浅草に開業した『UP TO YOU COFFEE』では、国内外からの観光客が多いという立地も考慮し、開業時からプラントベースミルクを導入。現在はオーツミルクを使っている。プラントベースミルクは牛乳よりも仕入れ値が高いため、牛乳からオーツミルクに変える場合はプラス150円に設定。コロナ禍以前多かった外国人客をはじめ、日本人でもプラントベースミルクを飲み慣れている人や健康に気をつけている人を中心に人気で、価格が特に高いと言われたことはないという。「普通のミルクよりおいしい」という声も多く、コロナ禍後も日本人客を中心に支持を得ている。

一方、千葉・流山の『cafe merci』では、地域的にまだニーズが少ないことから、現在導入はしていない。だが、「潜在的なニーズはある気がするので、手頃な価格で仕入れられるプラントベースミルクがあれば、差額を抑えて提供したい」と導入も視野に入れる。

「味もおいしい上、なおかつ質感が牛乳にかなり近く、ラテアートが遜色なく描けるものもある。健康志向や地球環境への配慮から牛乳を控えたいという人も多くなり、プラントベースミルクの可能性は高い。海外から色々な商品が入ってきているので、今後日本でも価格が抑えられて、選択肢も広がってくるかもしれません」(奥平バリスタ)。

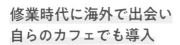

ラテアートの描きにくさを
テクニックとアイデアでカバー

奥平バリスタには、14種類のプラントベースミルクを使ってミルクビバレッジに挑戦していただいた。同じ素材のものでも、加糖タイプと無糖タイプがあるなど、メーカーによって加えている素材が違うことがあり、それによっても描きやすさが大きく異なるという。また"バリスタブレンド"として、フォーミングしやすく調整された商品も多数販売されている。

「私はドリンクを作るプロであって、ミルクの味のプロという訳ではないので、あくまで味と香り、作りやすさの感覚をお伝えできれば」という奥平バリスタ。まず商品そのものを飲んでみて、その後実際にミルクビバレッジを作っていただいた。

味が分かっている豆乳やオーツミルクなどは、商品としてのおいしさや風味がとらえやすかったが、なじみのない素材のものはおいしさが分かりにくいものもあったと奥平バリスタ。

アートの描きやすさは、「まったくできない」、「少しくせがあってやりにくい」、「かなりミルクに近い」という3パターンに大別された。総じてプラントベースミルク全体にいえるのが、牛乳よりラテアートが描きにくいということ。分離が牛乳よりも早いので、スチームが終わった瞬間はいったん混ざったように見えても、すぐに泡と液体に分離してしまい、アートが見えなくなってしまうことも。早いものでは注ぐ過程で分離が始まってしまい、まったくアートにならないこともあった。そこで対策として、分離が始まらないような流し方やスピード感を意識し、牛乳の時とはフォームドミルクの注ぎ方も変えてみたという。

「かさ上げの勢いと注ぐスピード感が大事です。フォームドミルクを注ぐ量を多めにして、混ぜるように強めに入れて一気にかさを上げ、エスプレッソとの一体感を出すようにしています。プラントベースミルクの場合、植木に水をあげる時のようにゆっくりと注ぐと、流量が弱くなり、ピッチャーの底に戻っていくミルクと出るミルクが分かれる印象があって、分離しやすくなってしまう感じなんです」(奥平バリスタ)。

また牛乳の場合、強めに注いでかさを上げた後、大体は一回液体の流れがぴたっと止まるのを見て描きだ

様々なミルクを試したが、プラントベースは全体的に泡立ちのきめが粗く、分離が早い。写真は完成から10分以上経過したもの。牛乳（右下）以外のミルクは、絵柄がにじんだり、表面がボコボコに。

す。しかしプラントベースミルクの場合、間をおくとじわっと分かれていく印象があるため、間をおかずにシンプルなアートをさっと描くようにした。

「アートの前半で“行ける”と思っても、時間がかかると分離が進み、後半は崩れてしまったりする。そのためシンプルなアートのほうがきれいにまとめることができます」（奥平バリスタ）。

“バリスタブレンド”などプロ向けの商品も数種類試したが、トータルバランスと口当たりがよく、フォームが作りやすくはあっても、必ずしもアートを描きやすいという訳ではなかった。

また基本になるが、絵柄を描きやすくするためには、スチーム前にミルクをしっかりと冷やしておくことが大切。スチームする際は、一般にミルクが一番甘く感じられる50～60℃に達した時にスチームを止めるが、事前にミルクを冷やしていると、その温度帯に至るまでに長時間撹拌することができるため、滑らかでアートを描きやすい泡を作りやすくなる。牛乳でも同じことがいえるが、プラントベースミルクの方がスチーム前の液体温度が泡立ちに影響するように感じたという。

焙煎度やショット数など コーヒー豆との相性も考慮しアレンジ

もちろん、コーヒー豆との相性もポイントになる。ラテアートにおいて、使うコーヒー豆によってもエスプレッソの質感が変わってくるので、それによって描きやすさも違ってくる。また味わいの面でも、エスプレッソそのものの味わいと、使用するプラントベースミルクとの相性が重要になってくる。

今回の試作では、奥平バリスタのお店で提供している、深煎りのブレンドを使用。かなりしっかりとしたボディー感と、チョコレートのようなビターな印象のある豆で、インパクトのある味わいだ。通常は甘さのある牛乳を合わせることで、甘みとまろやかさを出している。そのため、プラントベースミルクの中でも甘さがあまり感じられないものだと、コーヒーの苦みが勝ってしまう場合があった。甘さの感じ方は個人で違うので、甘さのない組み合わせが好みという人には向くが、甘さが少ないプラントベースミルクであれば、「浅い焙煎の豆に変えたり、フルーティーな豆と合わせたりすると、飲みやすくなるかもしれません」と奥平バリスタ。

またプラントベースミルクの中には、ミルクといっても脂質や濃度が低く、さらっとしてミルク感に乏しいタイプもある。そういった場合、通常ダブルショットで作っているエスプレッソをシングルにするなど、コーヒーの濃度を調整するということも一考だ。

また、泡立ちにくいが味が良いので使ってみたいというプラントベースミルクなら、考えを変えてラテアートをしないミルクビバレッジにしてみたり、アレンジドリンクを開発するといった選択肢もおすすめと奥平バリスタ。

「あくまでアートはおまけ。アートにばかりフォーカスせず、アートでない部分で感動させるというのも、バリスタがプロとして提案できることではないでしょうか」（奥平バリスタ）。

それぞれの特性を掴み、おいしさを引き出して商品化することで、お客の選択肢の幅を広げ、満足度を高めることにもつながるプラントベースミルク。ぜひいろいろなものを実際に試して、自店のメニューに取り入れてみてほしい。

Shop Data

cafe merci

■住所：千葉県流山市南流山1-7-6　2F
■TEL：04-7158-6750
■営業時間：11時～19時30分（LO.19時）
※土・日・祝日は11時～17時30分（LO.17時）
■定休日：不定休
■規模：約15坪・17席
■客単価：1200円

奥平
バリスタ流

ミルクビバレッジの
構築法

Step 1 Tasting
味をみる

まずプラントベースミルクそのものの味をチェック。特に重視するのが甘さ。苦みのあるコーヒーに対し、どのくらい甘さを出せるのか、またコーヒーの邪魔をしないかといった点を重視。

Step 2 Steaming & Pouring
基本のラテで

通常の牛乳と同じように、プラントベースミルクをスチームし、基本の手法でラテアートを描いてみる。泡立ちやアートの描きやすさなどを見てみて、調整を行う。

Step 3 Technique Arrangement
注ぎ方と豆を調整

ラテアートの描きやすさを考慮し、フォームドミルクを注ぐ速度や量、ラテアートの絵柄を変えてみる。組み合わせるエスプレッソのコーヒー豆の種類や焙煎度合を変えるという選択肢も。

Step 4 Menu Arrangement
ラテ以外のメニューに

泡立ちにくくアートに向かない場合には、アートにこだわらずに、ラテ以外のミルクビバレッジやアレンジドリンクの開発を考えてみる。

フリーポア

まずは牛乳での
ラテアートをおさらい

エスプレッソマシン

エスプレッソマシンは「Nuova SIMONELLI」の2連タイプを採用。

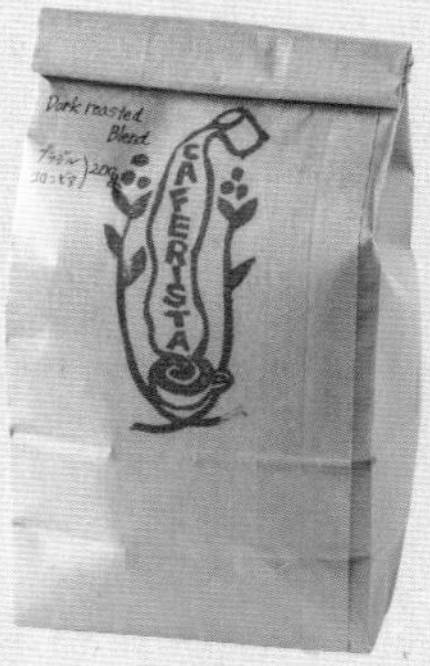

コーヒー豆

今回の試作では、『cafe merci』のエスプレッソ用の深煎りを使用。ブラジル・コロンビアのブレンドで、1杯あたり19.5g。しっかりとしたボディー感があり、ビターな印象で、ミルクとの相性がよい。

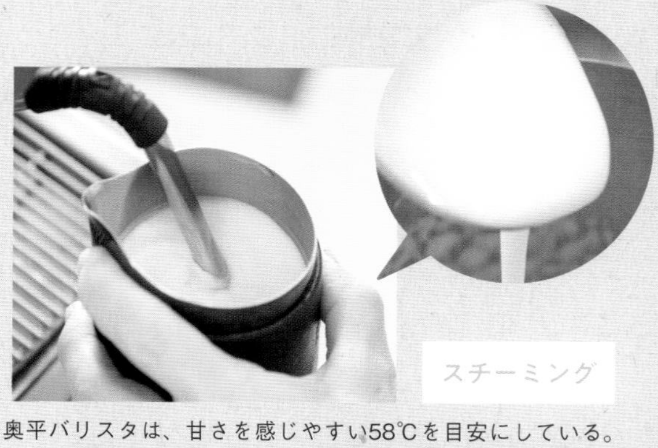

スチーミング

奥平バリスタは、甘さを感じやすい58℃を目安にしている。ほどよく空気を含ませると、とろみが出てとろっとした質感に。音も判断材料にし、スチーミングの最初は甲高い音がするが、狙うポイントでは少しこもったような音になる。

スロゼッタ（スローリーフ）のモチーフ

インパクトのある強い味わいのコーヒーを、牛乳の甘みが受け止めている。

ラテアート

1 無理のない姿勢で立ち、カップの持ち手を水平かつ動かせるように持つ。カップを傾ける。カップの傾きも毎回同じ角度を意識している。2 少し高い位置からフォームドミルクを一定の速度と量で注ぎ、液体量がカップの3〜4割ほどのかさになるまでかさ上げをする。3 かさ上げ中は、一定のスピードで円を描くように注ぎ入れる。奥平バリスタの場合、毎回同じ大きさの円を同じ回数描くことで、流量を安定させている。かさ上げの高さはアートの種類によって多少変える。4 液面の中心部分に低い位置からフォームドミルクを注ぎ始める。ミルクのドットが浮かび出たら、ピッチャーを左右に振って同じ流量で注ぎながら、ピッチャーを後ろにひいていく。カップのふち近くまできたらいったん注ぎをストップ。5 注ぎ終わったところに再び注ぎ始める。注ぐ量はかさ上げ時と同程度で、カップの角度を水平に戻しつつ、ピッチャーを前進させ、徐々にピッチャーを液面から離して仕上げる。6 仕上がり時には、カップが水平に。液体分がカップのフチギリギリになるように仕上げる。

Plant-Based Milk

1

オーツミルク

【製品タイプ】
・有機オーツ麦使用
・バリスタ仕様
・甘味料不使用

First Impression

麦の甘さと少しとろみのあるような質感があり、ほんのり麦の香りがします。色はスタンダードな白。スチームは通常の牛乳と同じような感じで、特に問題はなさそう。個人的に好きな味です。

Point

アートが流れていってしまう印象があるので、かさ上げの際に土台を高くすることで重くし、表面のアートが流れにくいようにしている。

フォームドミルクのなめらかさと
麦の甘みが深煎り豆と好相性

深煎りのインパクトのあるコーヒーとも相性がよく、なめらかな口当たり。アートの表面がやや流れやすいので、シンプルな柄でさっと描ける絵柄が向く。ただ焙煎したての豆と合わせたり、事前に冷やし方が足りなかったりすると、フォームドミルクを注ぐ際に表面がボコボコとなってしまいアートが描けないこともあった。

Plant-Based Milk

2 アーモンドミルク

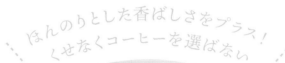

【製品タイプ】
・有機アーモンド使用
・甘味料不使用

First Impression

アーモンドがほのかに香ります。さっぱりとしてくせが少なく、飲みやすい。コーヒーと合わせた際も、しっかりコーヒーの味を感じることができます。香ばしい香りで口当たりはすっきりさわやか。色味は少し茶色がかっています。スチーミングは若干空気が入りづらいですが、牛乳とほぼ同じようにラテアートができそうです。

Point

注ぎは勢いをつけて早く行う。かさ上げの時、液面との距離が近すぎると白浮きしやすいので、少し距離をとって注ぐ。

ほんのりとした香ばしさをプラス！
くせなくコーヒーを選ばない

香ばしいアーモンドの香りと風味が加わりながら、コーヒーを邪魔しない自然な味わい。フォームドミルクは少しシャバシャバした感じで水っぽく、ざらつきがあって気泡が大きめ。アートは描きやすいが、牛乳と比べると色味が茶色がかっているのでコントラストがつきにくく、仕上げて少したつとどんどんアートがぼやけてくるので、複雑な絵柄には向かない。

Plant-Based Milk

3 豆乳

【製品タイプ】
・有機大豆を使用
・水飴を使用

First Impression

味わいは豆らしさがあり、そのまま飲んでも豆乳の甘さが感じられておいしい！　泡立ちも牛乳と変わらず、ラテアートも同じような感覚でできそうです。

Point

通常の牛乳と同じように、基本に忠実に。特別な意識をしなくても描くことができ、細かな絵柄も描きやすい。

牛乳に近い泡立ちとクリーミーさ
緻密なアートも可能

牛乳と同じような色合いと質感の、ふわふわとしたクリーミーな泡ができる。豆乳らしい味わいで、くせがなくまろやか。牛乳とほぼ同じ感覚で、スムーズにアートを描くことができる。色合いも濃くコーヒーとのコントラストもきれいに出るので、細かな絵柄も可能。ただ時間がたつと気泡が大きくなり、表面がボコボコとしてくる。

Plant-Based Milk

4

えんどう豆ミルク

【製品タイプ】
・えんどう豆たんぱくを使用
・バリスタ仕様
・アガベシロップを使用

First Impression

豆系のナチュラルな甘さがあって、おいしいです。香りは常温では特に際立っていませんが、スチームすると豆のような香りが立ってきます。スチーミングも問題なく、通常通りのアートができそう。

Point

細かな絵柄も描きやすいが、牛乳と比べると違いもある。細かな絵柄にする時は、少し高めにかさ上げしてからスピードをつけると描きやすい。

素朴な甘みで描きやすさもGood!
技術次第で細かい絵柄も

やわらかい口当たりで、コーヒーの味わいをしっかり感じさせる、ほどよい香ばしさとほのかな甘さ。牛乳とほぼ同じ感覚で、スチームしやすく注ぎやすく、分離が遅いのでラテアートにも向いている。今回は深煎りと合わせたが、甘さが控えめなので浅煎りとの相性も追求できそうだ。

Plant-Based Milk

5

ブラウンライスミルク

【製品タイプ】
・有機玄米を使用
・植物油を使用
・甘味料不使用

First Impression

麦のような甘さがあり、そのまま飲んだ時は際立った香りは感じません。色味は他のプラントベースミルクと同じような若干黄身がかった白っぽさ。質感は水っぽい感じで、スチームは少しだけ空気が入りづらく、分離も早めです。

玄米の香ばしさと甘い香りが魅力
エッチングのアートで対応

Point

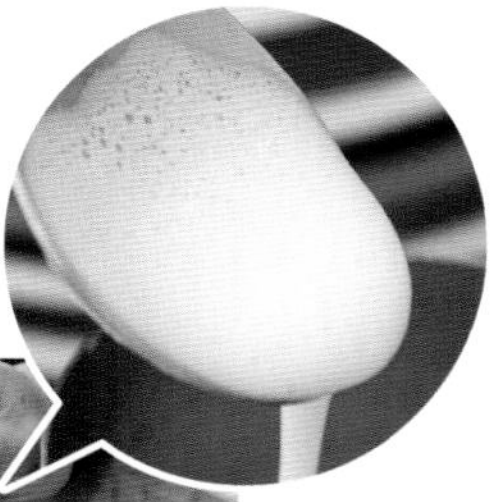

ざらざらした泡で分離が早いため、フリーポアでのラテアートは難しい。そういった場合エッチングも有効。通常よりはにじみやすいが、ある程度のアートを描くことができる。

深煎りコーヒーと好相性。お米の甘い香りがして甘さが際立ち、クリーミーな質感。分離が早いので複雑なラテアートには向かない。シンプルなアートを選んだり、エッチングで対応するのも手だ。写真は、女の子がネコの着ぐるみを被った遊び心あふれるモチーフ。

Plant-Based Milk

6

ライスミルク

【製品タイプ】
・有機米を使用
・植物油を使用
・甘味料不使用

First Impression

さわやかな麦のような甘さで、深煎りコーヒーにも負けない存在感があります。グラノーラのような風味があって、香ばしい。口当たりはすっきりとクリアな質感。薄い色合いで透明感があります。スチームは泡立ちにくくすぐ分離しますが、個人的に味はかなり好きです！

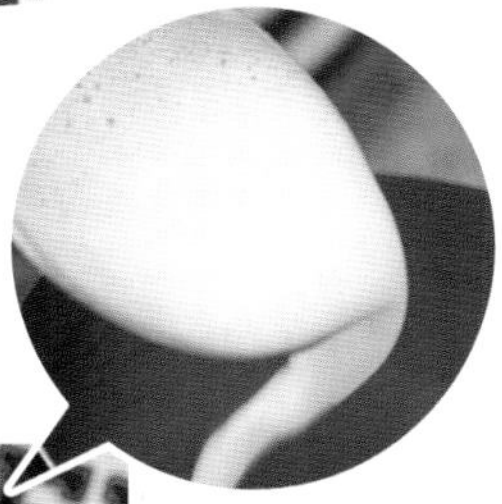

Point

注ごうとすると、ミルクがすでにさらさらとした状態になって表面にとどまらない。アートは諦め、撹拌を目的にかさ上げ時のように高い位置からミルクを浮かさないように注ぐ。

ラテアートが難しくても、味の良さを活かし他のアレンジで

スチーミングしても泡立ちにくく、すぐさらさらになってしまう。表面に泡が浮かんでこないため、フリーポアやエッチングでのラテアートは難しい。だが味わいのよさを活かし、ラテアートにこだわらないミルクビバレッジとして展開したり、もしくはミルクビバレッジ以外のアレンジをするのも一案。

PLANT-BASED MILK MENU BOOK

Chapter 2

人気カフェのプラントベースミルクと
魅力のドリンクメニュー

SHOP

01

PATHFINDER XNOBU

パスファインダータイムスノブ

SHOP DATA

■住所／大阪府大阪市北区浮田1-6-9
■営業時間／10時～18時
■定休日／不定休
■規模／約11坪・店内（13席＋ベンチ）、屋外（2席＋ベンチ）
■客単価／1100円

オーナー　下山修正《のぶまさ》さん

2016年ラテアート世界チャンピオン。カフェコンサルタントとして多方面で活躍中。

ミルクも自分好みにカスタマイズして 一杯のコーヒーに個性を

大手コーヒー企業を31歳で退職した後、約7年間オーストラリア・メルボルンでバリスタとして、また経営者としても経験を積み、帰国後の2019年にカフェ運営・バリスタスクール・海外留学サポート・コンサルティングという4つの事業からなるPATHFINDER INTERNATIONAL㈱を設立した下山修正さん。そのカフェ『PATHFINDER XNOBU』はメルボルンのコーヒー文化を伝え、メルボルン発のプラナチャイやモークチョコレートなどの食品を使ったドリンクやアレンジドリンクも数々提案している。

メルボルンでは、コーヒー豆の種類だけでなくミルクの種類、温度、泡の量まで自分好みにカスタマイズするのが流儀という。そのため『PATHFINDER XNOBU』でも、開業時からミルクは牛乳、豆乳、オーツミルク、アーモンドミルクを用意して選べるように。店のSNSでもこのサービスについて発信していることもあり、現在はミルク系ドリンクを注文するお客の約4割が豆乳を中心としたプラントベースミルクを選択する。客層の中心は20代、30代の女性だ。

「一人ひとりに個性があるように、そのコーヒーにももっと個性があっていい」という下山さん。抹茶ラテやチャイならば豆乳がよく合う、といった提案はしても、どのミルクを選択するかはその人次第。合わせてダメな組み合わせはないという。

店頭のメニューボードでは、ラテやフラットホワイトなどと同列で豆乳ラテ、オーツミルクラテ、アーモンドミルクラテを明記しており、代替ミルクとしてではない表記をすることで、利用客の選択や関心の幅を広げている。

現在は、どのプラントベースミルクのラテもレギュラーミルクのラテより50円高く設定しているが、「どのミルクでも同じ価格にすることや、P.40で紹介したオーツミルクチョコバナナスムージーのように、プラントベースミルクを使っていることが言わずともわかるドリンクを提案していくことが、さらなる伸びにつながると考えています」と下山さんは話す。

定期購入客もいる 植物性ミルク

ボンソイの豆乳450円、アーモンド・ブリーズのアーモンドミルク500円、アルプロのオーツミルク500円（各1ℓ）を店頭で販売している。

3種類から選べる コーヒー豆

コーヒーメニューでは、ダークローストのブレンド、ライトローストのシングルオリジン（エチオピア）、ミディアムローストのデカフェ（ブラジル）から豆を選べる。

環境にも優しい 小型焙煎機

ネスレ日本による「ROASTELIER by NESCAFÉ」を導入。1回に250g焙煎でき、常に鮮度のよいコーヒー豆をロスを出さずに提供・販売できるのがメリット。

レインボーラテ　700円

メルボルンのごく僅かの店で提供されていたラテを再現。カラフルなラテアートが、若い女性客を惹きつけてやまない。味わいはラテそのもの。「ラテアートに関しては、豆乳よりもオーツミルクを使う方が描きやすい。ただ、ラテアート以前に大事なのは、安定したスチームミルクを作ること」（下山さん）。

OAT MILK

使用するのは赤・青・緑の食用色素。スチーミングしたミルクに食用色素をたらし、エスプレッソの入ったカップにラテアートを描きながら注ぐことでカラフルな模様が浮かび上がる。通常はスワン（白鳥）を描くが、クリスマスなどイベントに合わせて食用色素と模様をアレンジすることも。

豆乳抹茶ラテ　700円

抹茶は、豆乳と相性のよい食材。豆乳を合わせることで、よりコクのある１杯に。ホット・アイスラテともに抹茶シロップ30gと豆乳190gを使って作る（1杯あたりの分量）。抹茶パウダーがダマにならないように、しっかりと濾してシロップを作る、またはダマが残らないように溶かして使うことがおいしさに欠かせないポイント。

豆乳を使ってラテアートを描く場合、スチーミングで豆乳の温度を上げすぎないようにすること（高温になるとラテアートを描きづらい）。フリーポアで素早くラテアートを描いて提供する。

SOY MILK

SOY MILK

豆乳チャイラテ　650円

チャイも、豆乳と好相性の食材。ピッチャーにプラナチャイ（茶葉）を入れ、湯で30秒～1分ほど蒸らした後、豆乳を加えてスチーミングする。おいしさの秘訣は、熱めに作ること。仕上げにシナモンパウダーを振る。同店ではチャイ（茶葉）は3種類（オリジナルブレンド、ターメリックブレンド、ペパーミントブレンド）から選べる。

プラナチャイは、セイロンティーとスパイスをブレンドし、オーストラリア産オーガニック蜂蜜を絡めて作られている。砂糖・香料などは不使用。豆乳チャイでは熱め（65℃くらい）にスチーミングし、豆乳の泡と茶葉を漉しながらカップに注ぐ。

甘酒ラテ　700円

美容や健康に効果が期待できる食材として近年注目されている甘酒。これにアーモンドミルクを組み合わせた。アーモンドミルクは、甘みのある食材と合わせる方が飲みやすい。アイス甘酒ラテの場合、甘酒7：アーモンドミルク3の量を合わせる。トッピングは桜の塩漬け。

ALMOND MILK

ALMOND MILK

アーモンドミルクチョコレート
650円

アーモンドとチョコレートという相性抜群の組み合わせ。ピッチャーにアーモンドミルクを入れ、チョコレートパウダーを加えてスチーミングする。カップに半分ほど注いだ後、ココアパウダーを振り入れることで、写真のようなフレームハートの模様が浮かび上がる。味わいはココアのよう。

アーモンドミルクも泡立ちやすいので空気を入れすぎないように、1杯につき18〜20gのモークチョコレートパウダーを加えてスチーミングする。同店ではモークチョコレートは、ジュニアダーク、オリジナルダーク、ダークミルク＆リバーソルトの3種類から選べる。

SOY MILK

グリーンティークラッシュ　800円

クラッシュは、氷とバニラアイス、ミルクをミキサーで攪拌して作る、冷たくてシャリシャリとしたドリンク。店ではグリーンティー（抹茶）のほかにコーヒー、モークチョコレートを通年提供する。ここでは抹茶との相性のよさから豆乳をセレクトした。抹茶の味と甘みのバランスがポイント。

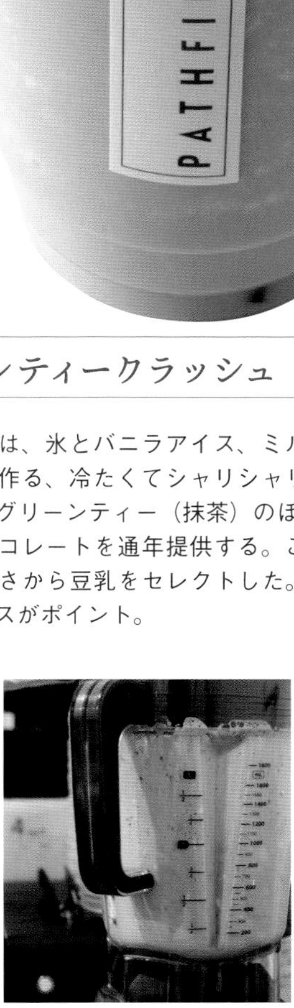

1杯分の材料は、抹茶シロップ30g、豆乳140g、バニラアイス（固めのもの）1スクープ、キューブアイス6個。これらをミキサーで攪拌して作る。

OAT MILK

甘酒ストロベリークラッシュ　800円

イチゴが旬の時季に提供したストロベリークラッシュを甘酒でアレンジしたもの。甘みと粘度のある甘酒とのバランスを考えてオーツミルクをセレクトした。オーツミルクと甘酒（分量7：3）、イチゴ約4個、バニラアイス1スクープと氷をミキサーで攪拌する。トッピングは、イチゴとタイム。ほどよい甘みに仕上げる。

オーツミルクチョコバナナスムージー　850円

プラントベースミルクを知るきっかけになるドリンクをと考案した、ヴィーガン（動物性不使用）ドリンク。オーツミルクとバナナ、モークチョコレートパウダー、氷をミキサーで攪拌したものに、砕いたアメリカンヴィーガンクッキーとタイムをトッピング。ミルクとクッキー（ovgo B.A.K.E.R製）はともに原料がオートミールで、その親和性もポイント。

バナナは甘みが強いものがよい。また、すぐに変色しやすいので、傷んでいないものを使うとよい。店では凍らせて使っている。

コーヒークラッシュ　750円

同じくヴィーガンをテーマに考案した。最大のポイントは、アイスクリームを使わずに粘度を何で出すか。ここではピーナッツバターとデーツ（なつめやし）シロップを使用し、これらをオーツミルク、エスプレッソシングルショット、氷とともにミキサーで攪拌した。仕上げにコーヒー粉をトッピング。味わいは香ばしく、コーヒーの風味もしっかり感じられる。

SHOP 02

Ron Herman cafe SENDAGAYA

ロンハーマン カフェ千駄ヶ谷店

SHOP DATA

■住所／東京都千駄ヶ谷2-11-1
■ TEL／03-3470-6839
■営業時間／10時～20時（LO. 19時）
■定休日／不定休
■席数／60席
■客単価／1500円

株式会社サザビーリーグリトルリーグカンパニー
ロンハーマン事業本部 カフェ運営部 カフェPR
柳田 翔さん

千駄ヶ谷店マネージャーを経て、2020年PR担当に就任。マネージャー時代はホールメインでドリンクのサービスなども担当。

ABOUT PLANT-BASED MILK

オーツミルク×バナナをベースに オリジナルドリンクを多彩に展開

カリフォルニア発のセレクトショップ・ロンハーマンがプロデュースし、現在全国に８店舗を展開する『ロンハーマン カフェ』。多様化するお客の嗜好に対応できるように、ここ数年、動物性食品を一切使わないヴィーガンメニューを充実させてきた。また、牛乳と比べてサスティナブルで環境に優しい食材として、プラントベースミルクに注目。２年ほど前から同店のドリンクに取り入れている。

最初に導入したのは、一般の人にも馴染みがある調整豆乳。その後一時期アーモンドミルクも使っていたが、より同店のコーヒーとの相性がよく、おいしいと感じたオーツミルクに昨年３月に切り替えた。千駄ヶ谷店では、店内ポスターでアピールするなど販促を進めたところ人気が拡大。いまでは通常の牛乳よりオーツミルクを選ぶお客の方が多いまでになった。

同店で使用するオーツミルクは、「マイナーフィギュアズ有機バリスタオーツミルク」。エスプレッソと組み合わせた「オーツミルクラテ」といったスタンダードな使い方に始まり、流行のバナナジュースにも活用する。バナナジュースのバリエーションが豊富なのも同店の売りで、すべて牛乳からオーツミルクに差し替えが可能。植物性の素材同士を組み合わせたやさしい味わいと健康的なイメージで、子供から年配客まで幅広い年齢層の男女に支持されている。

「お客様に一番おいしいものを提供したいと考え、様々なものを試しました。「マイナーフィギュアズ有機バリスタオーツミルク」は、クリーミーでやさしい味わいが特徴的で、弊社のエスプレッソとの相性がよかった。またバナナジュースに使う場合、牛乳だと牛乳が主役になりがちですが、オーツミルクは前面に出ず、バナナの甘さを引き立ててくれます」と同社カフェＰＲの柳田 翔さん。

以前から提供している調整豆乳を使った「ソイラテ」なども根強い人気で、同店では現在プラントベースミルクを使用したドリンクを10種類ほど用意。お客の選択肢の幅を広げ、満足度の高さにつなげている。

サスティナブルなストロー

サトウキビから砂糖をとった後の残滓を活用して作られているストローを、２０１９年から使用。ペーパーストローと変わらない耐久性でお客からも好評。

お客のニーズをすくい上げる

Banana Juice

オーツミルクバナナジュース	Oat Milk Banana Juice
バナナジュース	Banana Juice
KOTOSHINA抹茶バナナジュース	Matcha Banana Juice
フレッシュミントバナナジュース	Fresh Mint Banana Juice
カカオニブバナナジュース	Cacao nibs Banana Juice
フローズンヨーグルトバナナジュース	Frozen Yoghourt Banana Juice
バナナコーヒー	Banana Coffee

Organic Coffees ~RH Original Blend

オーツミルクラテ	Oat Milk Latte
アメリカーノ	Americano

豊富なドリンクメニューの中に、オーツミルクを使ったメニューを織り交ぜ、お客の選択肢をさらに広げている。

店内ポスターでアピール

オーツミルクを使用した商品を店内ポスターなどでアピール。

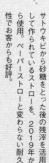

DRINK
MENU

ソイラテ　アイス 750 円

くせの少ない調整豆乳とエスプレッソを組み合わせた定番の人気商品。大豆独自の甘みとエスプレッソのコクが相まって、独特のおいしさを作り出す。飲みやすい点も好評で、牛乳が苦手という人の選択肢としても人気。

豆乳180mlに対し、エスプレッソ30mlを注ぐ。

SOY MILK

OAT MILK

オーツミルクラテ
ホット 800円

オーツミルクのやさしい味わいと、フルーティーでまろやかな風味のエスプレッソが好相性。通常牛乳で作っていたラテをオーツミルクに変えて開発した。エスプレッソ1に対し、スチームしたオーツミルク9の割合で合わせる。

オーツミルクは「マイナーフィギュアズ有機バリスタオーツミルク」、エスプレッソの豆は、小川珈琲にオリジナルで作ってもらっている「オーガニックブレンドコーヒー」。ミディアムローストでフルーティー、まろやかな味わいが特徴。

オーツミルクバナナジュース　950円

流行のバナナジュースをオーツミルクでアレンジして定番メニューに。オーツミルクは控えめな味わいなので、牛乳で作るよりバナナが主役の味わいに。バナナは完熟させたものを冷凍しておき、オーツミルクと同割でミキサーにかける。

バナナジュース用のバナナは、完全に熟成させたものを使用。黒いシュガースポットを目安にしている。

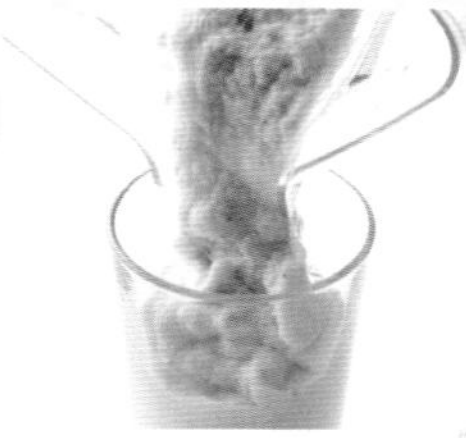

ミキサーにかける際、ゆっくりと回転させることでドロッと仕上げて濃度を出し、バナナの存在感を高めている。

OAT MILK

オーツミルクカカオニブバナナジュース　1000円

オーツミルクで作ったバナナジュースに細かく砕いたカカオニブをプラス。チョコレートとバナナの相性のよさを考慮して開発。甘さのないカカオニブでほどよい苦みと食感を加えている。

OAT MILK

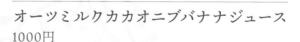

オーツミルクバナナコーヒー　1100円

オーツミルクで作ったバナナジュースにエスプレッソをプラス。バナナの甘さとエスプレッソの苦みがマリアージュし、クセになる一品。男性客からも支持されている。

「オーツミルクバナナコーヒー」は、エスプレッソと濃度のあるバナナジュースを合わせるため、グラスを回しながら注ぎグラデーションをつくる。

OAT MILK

抹茶オーツミルクバナナジュース
1000円

バナナとオーツミルクに、抹茶をプラスして作ったバナナジュース。抹茶のほどよい苦みと香り、さらに鮮やかな色合いが加わり、華やかさも演出。女性客を中心に支持されている。抹茶は京都産の有機抹茶を使用。

OAT MILK

▶スイーツメニューは124、125ページ

SHOP

03

Sunny Spot Cafe

サニースポットカフェ

MINOR FIGURES
BARISTA OAT
(ORGANIC)
SUGAR BOB'S
SMOKED
MAPLE
SYRUP
Real Maple Syrup. Real Wood Smoke
Nothing Else Added.
2 fl oz (59 ml)
TSA Compliant Travel Size

Sunny
Spot
Cafe

SHOP DATA

- ■住所／埼玉県所沢市・入間市中心に出店
- ■営業時間／〔土日・祝日〕11時～16時（出店場所、営業日についてはSNSにて要確認）
- ■客単価／ 1000円
- ■URL／https://www.instagram.com/sunny_spot_cafe

店主　猪股奈穂子さん

前職は保育士。現在、週末はキッチンカー、平日はアロマ教室の運営を行う。

豆乳と、豆乳で作るソフトクリームをスイーツとドリンクに広く活用

15年ほど前からマクロビオティックなどの自然食をメニューに取り入れてきた『mumokuteki cafe』。現在は、豆腐やおからこんにゃくで作るハンバーグなどのおかずをメインにした定食をはじめ、スイーツ、ドリンクと、数あるメニューはすべて動物性不使用のもの。

「豆製品を使った料理は、色合いが茶色っぽくなりがちなので地味だとか、動物性を使わないから淡泊でも仕方がない、といった感想をもたれがちに。そうならないよう、味わいや色合いに気を配っています」（大森さん）。

元々、外国人観光客を含むヴィーガン・ベジタリアンの人たちや、乳製品のアレルギーをもつ子ども連れや大人の利用も多かったが、そうでない人たちにも食べやすい一品に仕立てることで、長きにわたり幅広い年代・客層から支持を集めている。

同店が使用する植物性ミルクは、豆乳。これをソフトクリームに加工したり、発酵させてヨーグルトを作ったり、コーヒーと合わせてラテにしたりと、さまざまなかたちで用いている。

とりわけ豆乳ソフトクリームは、豆乳をベースにオイルやアガーを加えてなめらかに仕立て、塩も加えて甘みを引き立てたオリジナルの一品で、パフェに取り入れたりシェイクのベースにするなど活用している。ソフトクリーム単体でのおいしさも追求した自信作で、「豆乳ソフトクリーム」550円は食後にちょうどよいサイズ感も魅力のデザート。その他、豆乳ソフトクリームを贅沢に使用したティラミスパフェなども人気となっている。

ドリンクでは、5種類から選べる豆乳ソフトシェイク、豆乳ヨーグルトドリンク、豆乳ラテ、豆乳チャイや豆乳ココアなどを用意。お客の要望を受けて、2021年から豆乳ラテではオーツミルクを選択できるようにしている。

ヴィーガン食のおいしさや食材の多様さを多くの人に知ってもらいたいと、豆乳、オーツミルク、ココナッツミルクなどを取り入れたメニューのレシピとその動画をYouTubeで公開している。

セレクトの決め手は親しみやすい味

MINOR FIGURES
BARISTA OAT
(ORGANIC)
スッキリ飲みやすい
大豆まろやか製法
marusan
有機豆乳
無調整
有機JASマーク
ABC Cooking
Soy Milk

マルサンアイ㈱の有機豆乳無調整と、マイナーフィギュアズのオーツミルク。原材料が有機であること、クセが強くないのに味がしっかりしていることなどが採用の理由。

ひと目でわかる！VとGFの表示

豆乳ソフトクリーム
¥550
有機無調整豆乳をベースに、甜菜糖を使用。優しい甘みと滑らかな舌触りに仕上げました。vegan対応の自家製オリジナルソフトクリームです。食後に少し甘いものが食べたい方にもおすすめのサイズ感です。
自家製豆乳
ヨーグルトドリンク(2種)
各¥600

メニューにV（ヴィーガン）とGF（グルテンフリー）を表示。お客は自身の指向にあわせて選びやすい。ティラミスパフェ約220kcalなど、メニューによってはカロリー表示も。

アイデアが詰まったヴィーガンレシピ

プリン液で作るフレンチトーストと
ヴィーガン
プリン

YouTubeの「mumokuteki」チャンネルで、さまざまな食と飲み物のレシピを公開。なかにはオーツミルクを使ったプリンやようかんも。家庭で作りやすいメニューを紹介している。

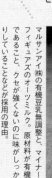

豆乳ソフトシェイク（いちご） 800円

全5種類あるシェイクの中で一番人気。豆乳とイチゴ（冷凍）をブレンダーで攪拌したものに、豆乳ソフトクリームを加えてしっかりと混ぜる。イチゴをのせ、有機メープルシロップをかけて出来上がり。イチゴが旬の時季には有機イチゴで作る。ロングスプーンで食べながら味わうデザート感覚の一杯。

果実（イチゴとバナナ）を使うシェイクでは、パウダーを使うシェイク（ほうじ茶・チョコ・抹茶）よりも倍量の豆乳を合わせる。豆乳の量でクリーミーな味わいを調整している。

SOY MILK

豆乳ヨーグルトドリンク（ブルーベリー） 600円

豆乳で作ったヨーグルトと豆乳を同量合わせ、バーミックスでしっかりと混ぜた後、ブルーベリーシロップの入ったグラスへ。ブルーベリーシロップ（ブルーベリーとてんさい糖、リンゴジュースを煮詰めて作る）は、提供時に色が映えるようグラス側面にかけながら入れる。

豆乳をローズマリーで発酵させて作る自家製ヨーグルト（無糖）。酸味がおさえられ、なめらかでそのままでも食べやすいのがこの作り方だった。ケーキなどにも活用している。

SOY MILK

SOY MILK

豆乳チャイ　600円

豆乳に合わせて開発されたオリジナルのチャイを使用。細粒の茶葉を水から煮出し、沸騰させた後に蒸らし、豆乳を加えて煮出した後に再度蒸らして仕込んでいる。有機アッサムティーをベースに5種類のスパイスが配合されているが「マイルドで飲みやすい」と好評。

仕込んでおいたチャイを、鍋ではなくコーヒーマシンのスチーマーで温める。複数のスタッフがオペレーションを担うなかで、安定した温度帯で提供するため。

オーツミルクラテ　700円

OAT MILK

スチーマーでよく温めたオーツミルクと、オリジナルブレンド有機コーヒー豆（深煎り）で淹れたエスプレッソをカップに合わせ、仕上げに表面をスプーンで混ぜて渦を作る。ラテで豆乳の代わりに選べるオーツミルクは、愛好者が嗜むほか、豆乳が体に合わないという人の受け皿となっている。

豆乳チャイもオーツミルクラテも加糖していないため、提供時はシュガー（てんさい糖）を添える。料理用の甘味料にも、主にてんさい糖や有機メープルシロップを使用している。

▶スイーツメニューは126ページ

SHOP
05

alt. coffee roasters

オルトコーヒーロースターズ

SHOP DATA

■住所／京都府京都市中京区
神泉苑28-4
■営業時間／11時〜18時
■定休日／不定休
■規模／8坪・16席
■客単価／800円
■URL／https://altcoffee-roasters.com

オーナー　中村千尋さん

児童養護施設の教員を経てロースターに。現在はカフェスクールで講師も務める。

ミルクに合わせてコーヒーを2通り焙煎。ヴィーガンスイーツにも巧みに使い分ける

“コーヒーはフルーツ（果実）”であることを、コーヒーを本格的に学んだオーストラリアで飲んだ最初の一杯で実感したという中村千尋さん。“コーヒー＝苦いもの”というイメージや深煎りの焙煎が定着している日本に新しい価値を提案したいと、帰国後の2019年に開いたのが『alt. coffee roasters』。

産地ごとの個性やフレーバーを引き出す浅煎りとフェアトレードによるスペシャルティコーヒーに特化し、メルボルンスタイルのコーヒーと、栄養士の知見をいかして作るヴィーガンスイーツや天然・国産の食材にこだわったメニューを提案するほか、生産者や環境問題、健康に配慮した取り組みを行う先駆的なカフェだ。「乳製品と人体・健康に関するさまざまな最新の研究結果を調べていく中で、牛乳を使うことへの違和感が強くなってきた」（中村さん）ため、2020年に完全ヴィーガンのカフェへと移行した。中村さんの食や生き方に共鳴し店を訪れるお客が多く、肯定的に受け止められたという。これを機に、開業時から取り扱う豆乳に加えてオーツミルクの取り扱いも開始した。

興味深いのは、それらのミルクに合わせてコーヒー豆を焙煎すること。プラントベースミルクは牛乳に比べ、合わせた時にコーヒーの酸味が際立つため、酸と酸で合うように焙煎するか、少し甘さとコクが出るように焙煎するか、2通りの方法で豆を煎り分けている。「オーツミルクは、コーヒーの酸がより引き立ちやすく、エチオピア・タンザニア・コスタリカなど酸のきれいなコーヒーと組み合わせることで紅茶のような仕上がりに。一方豆乳は、オーツミルクに比べて味が濃く、ボディのあるコーヒーでないと合わせた時に味がぼけてしまうので、ブラジルやコロンビアなどが合います」（中村さん）。

スイーツでは、焼き菓子にはコクを出すため豆乳を使い、素材の甘さや他の素材を引き立たせたい場合にはオーツミルクを使う。このように表現したい味や食材にあわせてミルクを選んでいる。

手作り無添加コーヒー石けん

コーヒー豆のかすを再利用するべく開発。「人に優しいものは地球にも優しい」を理念に、中村さん自身が昔から愛用する無添加の石けんと組み合わせることで商品化した。コーヒー（プレーン）ほか5、6種類あり各1100円。

エコバッグとエコカップ

ワイングラス×コーヒーやaltのロゴマークなど、絵柄に店の要素を散りばめたアップサイクルトートバッグ2500円。地域（京都）の伝統工芸職人が縫製を担う。持ち運びに便利な折り畳み式タンブラーは2200円。

体と心に優しいクッキー

コーヒー生産地で従来は大量廃棄され、環境汚染の原因にもなっているカスカラ（コーヒーの実）を、クッキーやアレンジドリンクに取り入れている。カスカラのほか、自家栽培のハーブを使ったクッキーは各300円。

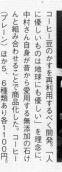

自家製シロップのラテ　700円

濃厚なジンジャーシロップには豆乳、繊細なコーディアル（ハーブ）シロップにはオーツミルクと、シロップに合わせてミルクをセレクトする。写真はミントシロップのラテで、後口にミントがほのかに香る。ほかに山椒、レモン、日本酒を使ったシロップも。エスプレッソは京都ブレンド。

OAT MILK

オーツミルクのスチーミングでは最初に空気を素早く入れ、その後の攪拌をやや長めにとることで口当たりのいいミルクを作る。有機食材で作られるマイナーフィギュアズのオーツミルクを愛用。

オーガニック抹茶ラテ　650円

茶の名産地・和束町（京都府）で有機無農薬栽培で作られる抹茶が主役。濃厚な抹茶にはコクのある豆乳を合わせる。豆乳と合わせた時に分離しないよう、抹茶は熱湯で溶かさないのがポイント。香り高い抹茶をいかすため甘みは加えていないが、不思議と甘みを感じる。

SOY MILK

抹茶との分離を避けるため、豆乳の温度も高くなりすぎないようにする。オーツミルクの時よりも空気を入れずに短時間でスチームを終える。豆乳はマルサンアイ㈱の「豆漿（ドウジャン）」を愛用。

▶スイーツメニューは121〜123ページ

SHOP

06

ocio Healing space&Cafe

オシオヒーリングスペース＆カフェ

SHOP DATA

■住所／東京都小金井市緑町
1-1-23 大洋堂書店内
■TEL／042-383-7148
■営業時間／11時～19時
■定休日／水・木曜
■規模／10坪・10席
■客単価／800円
■URL／https://www.ociocafe.com

オーナー　一色　淳さん

ロースター、バリスタ。カナダのコーヒーショップで腕を磨いた後、2016年10月に同店を開業。

ABOUT PLANT-BASED MILK

牛乳、豆乳、オーツミルク…。3種のミルクで、多様な食のニーズに応える

入口すぐの場所に焙煎機と物販、続いてカフェエリア、奥がリラクゼーションサロンという造りの『オシオヒーリングスペース＆カフェ』。オーナーである一色 淳さんが焙煎とドリンクを、妻のまなみさんがフード類とサロンを担当する。夫妻の穏やかな雰囲気や、SDGsに取り組む姿勢も含め、心身をトータルで癒してくれる店としてファンが多くついている。

カフェで提供するのは、自家焙煎コーヒーを中心としたドリンクと焼き菓子。牛乳を使ったドリンクは、豆乳もしくはオーツミルクへの変更が可能だ。焼き菓子は卵や乳製品を使わないヴィーガン仕様、肉・魚類を使わないベジタリアン仕様、小麦粉を使わないグルテンフリー仕様、そしてバターや卵を使った制限なしのものが並び、各自が選択できるようになっている。

「私自身、10年前から魚や乳製品は食べるけれど肉はとらない“ペスコ・ベジタリアン”を続けています。外食時にメニュー選びで悩んだこともあったので、多様性のある店にしたいと思っていました」と淳さんは話す。

そのため、毎回バタークッキーと牛乳のラテを頼む地元客から、プラントベースミルクを指定する女性や外国人、子供のアレルギーを気にするファミリー客まで、幅広い層が来店する。旬の素材を使った期間限定メニューも多く、同店で季節を感じる、という常連客も多いそう。

「3種のミルクの違いを聞かれることもよくあります。牛乳はコクがあって飲み応えがあり、豆乳はすっきりまろやか。オーツミルクはさらりとさわやか、と説明しています」とまなみさん。その日の気分でミルクを変えるお客も増えてきたそうだ。

オーツミルクはイギリスのマイナーフィギアズを使用する。

「適度な甘味がありながら主張が強すぎないので、どんな素材とも合う。牛乳と同じようにラテアートも作れ、作業性もいいですね」と淳さんは話す。今後はお菓子の材料としても積極的に取り入れる予定とのことだ。

無調整タイプの豆乳

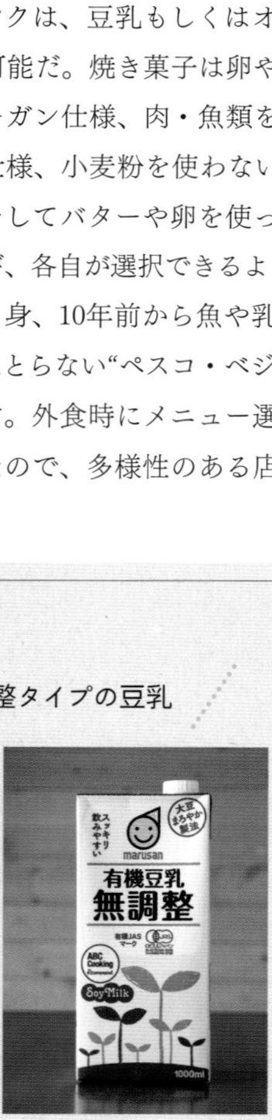

カフェラテには調製豆乳の方が作業性はよいものの、製菓材料としても使うことを考慮し、マルサンアイ㈱の有機豆無調整タイプを採用。沸騰させると分離するので注意が必要だが、甘みが添加されていないため、素材の味を引き立ててくれる。

オーツミルクが人気上昇中

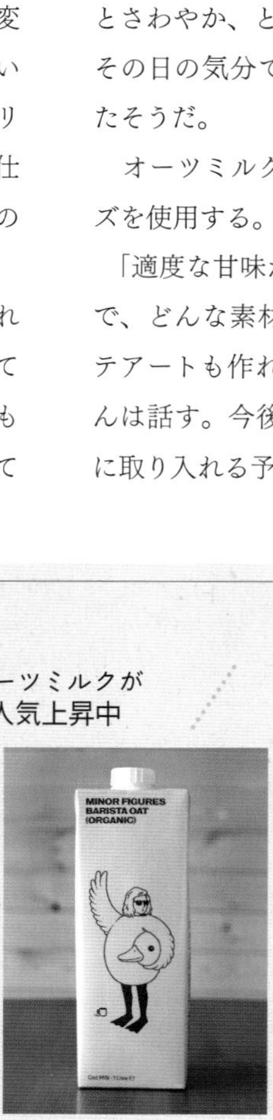

以前はスウェーデンの「オートリー」を使っていたが、入荷が安定しなくなったため昨年からマイナーフィギュアズのオーツミルクに切り替えた。牛乳から豆乳への変更は無料、オーツミルクは50円プラスだが、選ぶ人は増加傾向にある。

SDGsを呼びかけ

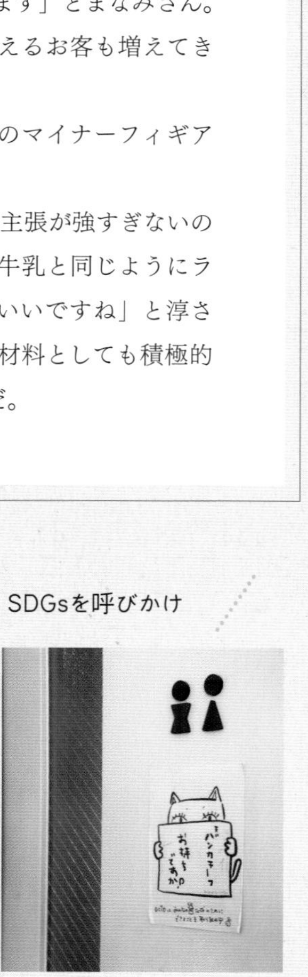

今年に入り、紙ナプキンと紙お手拭きを置くことをやめた。アルコール消毒液の設置と、マイハンカチ持参のお願いで、お客にもさりげなくSDGsのメッセージを伝える。

アイスオーツラテ　590円

オーツミルク170mlに対して、エスプレッソをダブルショット（22gの豆で40g前後を抽出）加えたカフェラテ。エスプレッソには中煎りのブラジルを使用。アーモンドのように香ばしいフレーバーが、オーツミルクの自然な甘みとマッチする。

OAT MILK

自家焙煎豆のブラジル、グランジャ　サンフランシスコ。100g780円で販売。豆は深煎りから浅煎りまで6種類ほど揃える。授乳中の女性客も多い同店では、デカフェも人気。

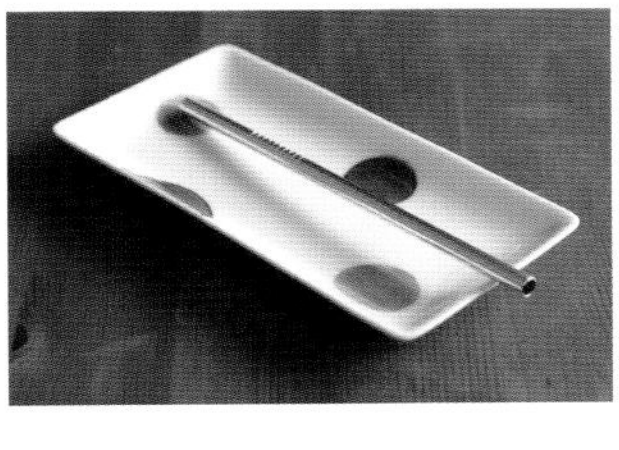

アイスドリンクのストローは、繰り返し使える金属製を採用。口に含んだときにひんやりとして、より清涼感を味わえる。テイクアウト用は、リクエストされた場合のみ、生分解ストローを添付する。

エスプレッソマシンはシモネリ社の一連タイプを使用。抽出後の粉の再利用法を、現在検討している。

焙煎機はアメリカのサンフランシスカン・ロースター・カンパニーの3kg釜。知人から中古を購入した。

SOY MILK

チャイラテ・ソイ　540円

ジンジャー、シナモン、スターアニス、クローブ、カルダモンといったスパイスをホールの状態から煮込んだ、香り高い豆乳チャイ。甘みはきび砂糖とアガベシロップ。茶葉は、のど越しがよく、スパイスの香りを引き立てるイングリッシュブレックファーストを使用する。オーツミルクでも対応可。

テイクアウト用は、紙製のカップとふたを使用。アイスドリンクはプラスチック製を使っているが、在庫がなくなり次第、環境への負荷が少ないものに変更予定。マイボトル持参で20円引きになる。

オーダーが入ると、スパイスティーと豆乳をピッチャーに入れ、スチーミング。ふわふわの状態になったらカップに注ぎ、上に粗挽き黒胡椒とシナモンパウダーをふる。豆乳は熱を加えすぎると口あたりが悪くなるので、スチームの温度は70℃が目安。

スパイスを煮出すのに時間がかかるため、事前にスパイスティーの状態まで仕込んでおく。スパイスの配合は何度も試作を重ね、その比率を研究した。

SOY MILK

グリーンスムージー　650円

夏限定の豆乳スムージー。夏バテ予防になるようなドリンクを目指して開発した。野菜と果物に、豆乳、果汁100%のリンゴジュース、レモン果汁、アガベシロップを加え、ミキサーでなめらかになるまで攪拌する。トッピングはヘンプシードとクコの実。キウイの種とヘンプシードのプチプチした食感がアクセントに。飲みごたえがあるので朝食としてもおすすめ。野菜嫌い、豆乳嫌いな子供からも、甘くておいしいと好評。

サラダケール、きゅうり、バナナ、キウイなど、野菜たっぷりでヘルシー。

SOUP MENU

SOY MILK

季節のスープ　450円

写真は新じゃが芋と新玉ねぎで作った春のスープ。野菜類を煮てからミキサーでなめらかにし、豆乳を加え、自家製味噌で味を調える。バターや生クリームといった油脂類が入らないスープは、すり流しのようなやさしい味わい。豆乳はほっくりした芋類や根菜類との相性がよいとのこと。

おにぎり、漬け物と合わせて、養生セット（750円）としてオーダーするお客が多い。おにぎりはもっちりした食感が特徴の、小豆入りの酵素玄米を使用。漬け物は玄米麹で漬けた自家製。

▶スイーツメニューは118、119ページ

SHOP

07

imperfect 表参道

インパーフェクト おもてさんどう

Do well by doing good.
プロジェクトテーマ
1
環境
森を再生し、
地球とカカオを
守ろう！
imperfectの様々な商品で使用するカカオの原産国の一つであるガーナでは、農地開拓に伴う森林の減少が社会課題の一つに。森林保全、二酸化炭素の削減に加えて、カカオの品質向上も目指し、カカオの森に日陰樹の苗木を提供します。
詳しくは
こちらから
imperfect
プロジェクトテーマ
2
教育
ミツバチと共存して
作物を育てる
養蜂を学ぼう！
カシューナッツが育つコートジボワールの森では、受粉を助けるミツバチが欠かせません。このプロジェクトでは、就労機会が限られる女性が社会で活躍する機会の創出を目指し、ミツバチと共存するための養蜂を学びます。ミツバチの成育環境が整うことで、作物の収穫量増加にもつながります。
imperfect
プロジェクトテーマ
3
平等
女性たちが学びの
機会を得て、
活躍できる社会を！
詳しくは
こちらから

SHOP DATA

■住所／東京都渋谷区神宮前四丁目12-10　表参道ヒルズ同潤館1F
■TEL／03-6721-0766
■営業時間／11時～20時
■定休日／無休
※施設の休業に準じる
■規模／約142坪・12席
■URL／https://www.imperfect-store.com

imperfect株式会社
マーケティング部長　**佐伯美紗子**さん

imperfect㈱の立ち上げに加わり、マーケティング部長として同店の企画運営を主導している。

コーヒーとの相性から選択した「アーモンドミルク」が評判に

アーモンドミルクに注目し、2019年の開業当初から、カフェラテにプラス50円で牛乳をアーモンドミルクに変更できるようにしているのが、東京・原宿の『imperfect表参道』だ。2021年末からは、オーツミルク、豆乳にも変更可能になった。

同店は、世界の食と農を取り巻く社会課題に対し、お客と共に解決に取り組む活動を行っているimperfect㈱が運営。店内の物販コーナーでは、世界の契約農家から仕入れたナッツ類やチョコレート、コーヒー豆の販売も行う。

コーヒーは、店内奥のカフェでオーダーできる。女性が中心になって経営するコーヒー農園をサポートする「カフェ・デラス」プロジェクトを通じて生産されたコーヒー豆で作る、シグネチャーブレンドがメインで、カフェラテにも、このブレンドを使用。それ以外にも、11種類のシングルオリジンのコーヒーを揃えている。

「プラントベースミルクの中で、最初にアーモンドミルクに注目したのは、弊社がナッツ類の販売を手掛けていたのがきっかけです。当店のシグネチャーブレンドはクリーンなボディでナッツのようなまろやかさがありますから、その特徴を消さず、お互いの持ち味を活かせる相性の良いものを探して、色々な製品の中から現在のアーモンドミルクを選びました」（同社マーケティング部・佐伯美紗子部長）

日本で親しまれてきた豆乳に対し、アーモンドミルクやオーツミルクは新しく馴染の薄い素材。そのため、導入した当初はクセが強くて飲みにくいのではないかという印象を持つ人が多かったという。

「でも、弊社のバリスタがお勧めして口にされると、香ばしくてまろやかですから、『コーヒーとよく合う』という声が多いですね」（同）と評判は上々だ。また同店ではアーモンドミルクをブレンドしたアイスも提供。さらにこのアイスをコーヒーと組み合わせた「アーモンドミルクシェイク」も用意し、プラントベースミルクの楽しみ方を広げている。

お客の投票行動を通じて、SDGsの達成を実現する

同店では、売上の一部を農家の人々とともに行うプロジェクトに運用。テーマは「環境」「教育」「平等」の3つ。お客はメニュー購入時に受け取った投票チップを投票し（左ページ上）、1年の投票数が最も多いテーマのプロジェクトに資金が使われる。

テーマのサステナブルを、視覚でも表現する

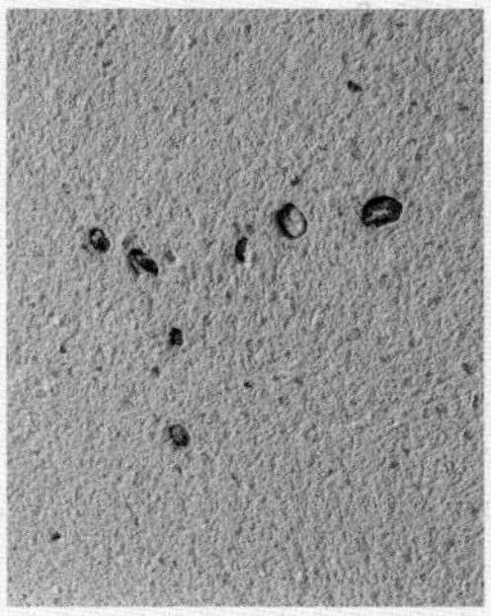

「ナッツとコーヒーを通して、サステナブルな世界と社会を目指す」同店の考えをカフェコーナーの土壁でも表現。コーヒー豆を埋め込んでいる。

店内では、植物素材のドレッシングも販売

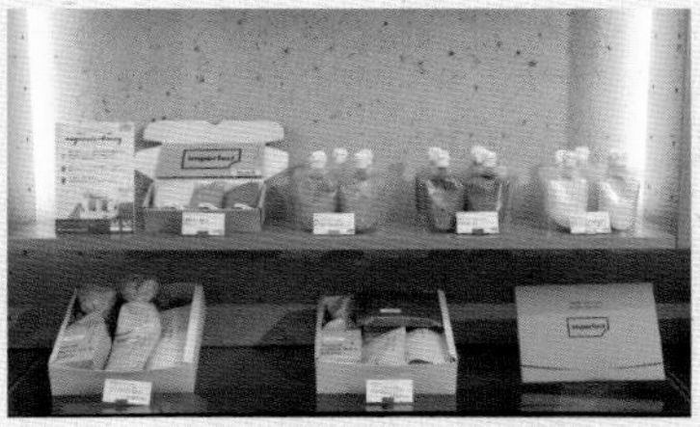

店内では、卵不使用で豆乳を使った植物性のマヨネーズやドレッシングなども販売。女性が気軽に手に取れてプレゼント用にもできるようなデザインのお洒落なパッケージも好評だ。

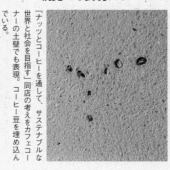

カフェラテ 750円

「カフェ・デラス」プロジェクトを通じて生産されたコーヒー豆をベースに、グアテマラ、インドネシアなどのシングルオリジンの豆を加えたシグネチャーブレンドを使用。雑味が少なくクリーンなボディ、苦みの中にもナッツのようなまろやかさがある。そうした個性を消さないもので、コーヒーと合わせても特徴の良さが消えない特徴のアーモンドミルクを選択している。

ALMOND MILK

アーモンドミルクはスチームすると、牛乳より若干泡立ちが粗く口当たりがザラ付きやすいので、スチーミングで調整する。

アーモンドミルクシェイク 850円

夏場にアイスを“飲みやすく”するために作ったドリンク。4種類展開するアーモンドミルク入りのアイスクリームからアイスを選び、さらにアーモンドミルクを加えてブレンダーで回す。上に砕いたナッツをふりかける。ナッツ特有の香ばしい香りも魅力。写真には「ピスタチオ」を使用。

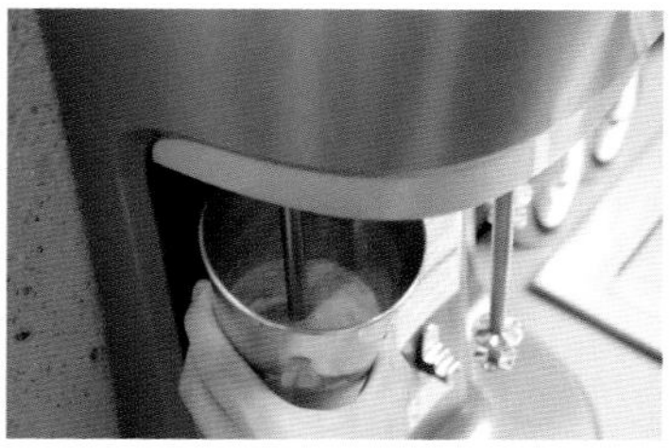

4種のアイスの中では、女性に注目度の高い「ピスタチオ」が人気で、シェイクも同様。アーモンドミルクを加えて、ブレンダーで飲みやすい濃度に調整する。

ALMOND MILK

▶スイーツメニューは127ページ

SHOP

08

so good coffee&bake

ソーグッドコーヒー＆ベイク

SHOP DATA

■住所／愛知県豊橋市西羽田町202
■TEL／0532-74-2230
■営業時間／10時～18時
■定休日／月・火曜
■規模／12坪・12席
■客単価／1250円
■URL／https://www.instagram.com/sogoodcoffee_roastery/（コーヒー）
https://www.instagram.com/sogoodcoffee_andbake/（焼き菓子）

オーナーバリスタ・焙煎士　柿野宗《そう》生さん
２０１７年に妻・典子さんとともに店をスタートし、２０２１年、店舗を拡大リニューアル。

3種のプラントベースを揃え、多彩な味わいに合うブレンドも開発

自家焙煎のスペシャルティコーヒーと、季節の焼き菓子が評判の『so good coffee&bake』。コーヒーを担当するのは、オーナーの柿野宗生さん。「スペシャルティコーヒーを扱う店として、ミルクにもこだわりを」との想いから、牛乳のほかに、アーモンド、ソイ、オーツの3種類のプラントベースミルクを揃える。ほぼすべてのラテ系のドリンクで、プラントベースミルクの選択が可能（オーツミルクのみ+50円）だ。

最初に使い始めたのが、日本でなじみが深い豆乳。無調整、調整など数種類を試した末、ラテアートが描きやすく、スムーズに仕入れができる「ボンソイ」にたどり着いた。次に導入したアーモンドミルク「アーモンド・ブリーズ」は、クセのない飲みやすさから牛乳に次ぐ人気という。2021年のSCAJをきっかけにオーツミルクにも着目し、単体で飲んだ際のおいしさなどから「マイナーフィギュアズ有機バリスタオーツミルク」を使用している。

「“健康や環境を意識した牛乳の代替品”というイメージがあるかもしれませんが、アレンジによっては植物性のほうが合うことも多い」と宗生さん。たとえば、抹茶、黒蜜、きな粉といった和の食材や、マイルドな甘みのきび砂糖には、まろやかなコクの豆乳。苦味の効いた深煎りのコーヒーゼリーやほうじ茶には甘みのあるオーツミルク。そして、コクと深みのある黒糖を使ったドリンクには、さっぱりとしたアーモンドミルクをすすめている。ドリンクのレシピ開発においては、焼き菓子と一緒に楽しめるよう、全体的に甘さは控えめ。また、ラテを作る際には、それぞれにスチーミングの温度を変えるなど、細かな調整も必要だ。

ミルクのバリエーションが増えたことで、コーヒーの味づくりにも変化が生まれた。よりシンプルなコーヒーのほうが多彩なミルクに対応しやすいと考え、エスプレッソブレンドに使う豆は2種類のみ。中煎りのブラジルをベースに、春夏はさわやかな香りのエチオピア、秋冬はコクのあるコスタリカをミックスしている。

アーモンドミルクは幅広い層に人気！

3種類のプラントベースミルクの中でも一番人気の、アーモンドミルク「アーモンド・ブリーズ」。ビギナーでも取り入れやすい味わいで、健康志向の女性をはじめ、幅広い年齢層に受けている。

ドリンクカップもサステナブル

一部のドリンクは写真のHuskeeCup（ハスキーカップ）で提供。カップの販売も行っている。コーヒー豆の不要な外皮や殻「コーヒーハスク」を活用した商品で、蓋をすればテイクアウトカップとしても利用可能だ。

多彩なミルクに合う豆をラインナップ

豆はスペシャルティコーヒーがメイン。各種シングルオリジンのほか、2種類の豆でシンプルに仕上げたエスプレッソブレンド、ビターな深煎りのアイスブレンドなど、メニューに合わせて使い分ける。

抹茶アイスクリーム黒蜜きな粉ソイラテ　660円（テイクアウト648円）

和の食材と相性がよい、豆乳を使ったアレンジドリンク。豆乳×エスプレッソによる、マイルドなコクのソイラテに、甘さ控えめの抹茶アイスクリーム、とろりとした黒蜜、香ばしい風味のきな粉を合わせた。香りのアクセントにローズマリーを差して提供する。

SOY MILK

コクのあるブラジルと、香りのよいエチオピアを、半々でブレンドしたエスプレッソ。豆乳をはじめ各種ミルクに合わせやすい。

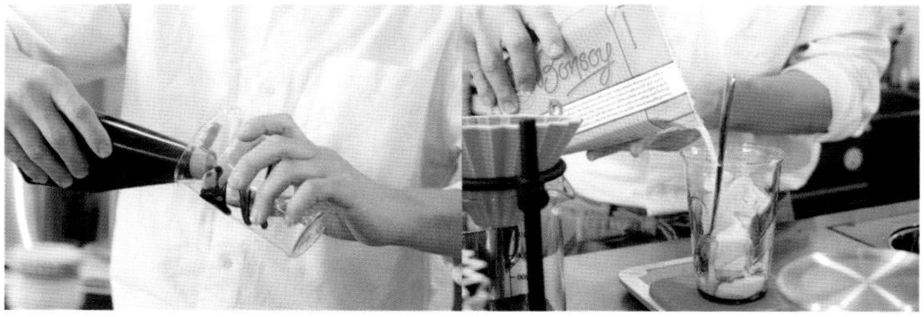

黒蜜は、粘度の高いタイプが使いやすい。グラスに垂らした黒蜜が流れないよう、氷に当てながらソイミルクを静かに注ぐ。

ほうじ茶コーヒーゼリー オーツミルクラテ　660円（テイクアウト648円）

自家製コーヒーゼリーに、ほうじ茶、オーツミルクを注いで作る。オーツミルクの自然な甘みと、ほうじ茶の苦味、深煎りブレンドを使ったゼリーのビター感がバランスよくマッチ。ゼリーはつるりとした口当たりを楽しめるよう、固めに作り、注文を受けてからクラッシュする。

OAT MILK

アイスコーヒー用の豆を使ったコーヒーゼリー。バランスに優れたブラジルに、ボディ感と酸味のあるケニア&コロンビア、華やかな香りのバリをブレンドしている。

ほうじ茶を竹製の茶せんで点てることで、きめ細かな泡がたち、クリーミーに仕上がる。茶碗は、注ぎやすい「ORIGAMI片口抹茶椀」を使用。

ほうじ茶の上に、オーツミルクをそっと注ぐと、ふわふわの泡が浮かび上がる。

SOY MILK

クレムブリュレソイラテ

605円（テイクアウト594円）

クレームブリュレ・シロップを混ぜたエスプレッソに、スチームした豆乳を注ぎ、きび砂糖をふって香ばしくキャラメリゼする。クリーミーな泡の豆乳とカリカリとした食感で、まるでカップスイーツのような満足感がある。きび砂糖は、バニラ風味のついたブリュレ用を使用。

豆乳は、他のミルクに比べてやや焦げやすい特性があるため、バーナーであぶる際は先端を近づけすぎないよう注意する。一点に集中させず、円を描くように動かすのがポイント。

ALMOND MILK

黒糖アーモンドミルクラテ

605円（テイクアウト594円）

クセの少ないアーモンドミルクを使ったラテは、エスプレッソとも合わせやすく人気のメニュー。ミルク自体がさっぱりしているため、黒糖を合わせてコクのある甘みをプラスした。ふわふわに立てた泡に、トッピングのキャラメルくるみのザクザク感がアクセント。

エスプレッソマシンのスチーマーでアーモンドミルクを人肌～やや高めに温めてから、ミルクウォーマーでモコモコとした泡をつくる。温めすぎてもうまく泡が立たず、また、ミルクの種類によっても適温が異なる。

▶スイーツメニューは120ページ

SHOP 09

Hanikam Chocola Tea

ハニカム ショコラッティー

SHOP DATA

■住所／福岡県福岡市博多区中洲5-6-10 LA博多1階
■TEL／092-409-9836
■営業時間／9時～20時
※金・土曜は21時まで
■定休日／不定休
■規模／約16坪・10席
■客単価／750円
■URL／https://www.instagram.com/hanikam_fukuoka/

ミツバチプロダクツ株式会社
代表取締役社長　**浦はつみさん**
パナソニックに長年勤務。同社の後押しを受け、２０１８年９月、ミツバチプロダクツを設立。

チョコレートを引き立てる
無調整豆乳、ローストアーモンドミルクを使用

2022年3月、福岡市内にオープンした『Hanikam Chocola Tea』。パナソニックに長年勤め、2015年に家庭でも焙煎ができるIoT家電、The Roastの商品・サービス開発・事業推進を担当した浦はつみさんが社長を務める、ミツバチプロダクツ㈱発のチョコレートドリンク専門店だ。同社が開発・製造したチョコレートドリンクマシン、インフィニミックスを柱としたカフェで、ドリンクの9割にベースとしてチョコレートを使用。メインのスタンダードドリンクは、ベースのチョコレートを3種類から、ミルクを4種類から選ぶカスタマイズメニューだ。2タイプの牛乳に加え、プラントベースミルクは、「ソイミルク」と「アーモンドミルク」を揃える。

ともにメーカーはマルサンアイ㈱で、豆乳は有機の無調整タイプ、アーモンドミルクは無糖のローストタイプを採用。浦さんは「調整豆乳も試してみたのですが、チョコレート本来の味わいを引き立てるには無調整が適していました。アーモンドミルクは香ばしさからローストタイプを使っています。チョコレートとの相性重視のセレクトです」と理由を話す。

アーモンドミルクは原液で使うが、豆乳は牛乳と比べると粘度が高いため、チョコレートと合わせる際は1：1の割合で水で割ってドリンクに使用。ただ、“ショコラリスタおすすめ”と銘打ったアレンジ系チョコレートドリンクの一つにショコラプレッソがあり、こちらは豆乳を原液のまま使う。飲み口は濃厚と謳っているだけにとろりとしており、水割りの豆乳を使うドリンクよりもチョコレートの甘みや風味がしっかり感じられる。プラントベースミルクをドリンクに合わせる際は、味作りをする上で粘度を意識した方が良いと言い、そのわかりやすい例といえる。

当初は健康志向の女性にプラントベースミルクの引き合いがあると想定していたそうだが、「意外にも男性のお客様からのオーダーも多い」と浦さん。少しでも体に良いものを、という思考が男女問わず、多くの人に広まっている表れといえそうだ。

一杯ずつ作ることで
フードロス削減

チョコレートドリンクマシン、インフィニミックスは注文を受けてからピッチャーに固形のチョコレートとミルクを入れ、調理する一杯仕立てのスタイル。作り置きする必要がなく、フードロス削減にもつながる。

SDGsに貢献するカカオを
原料にした自社製品

SDGs関連活動に積極的なBean to Barを展開する『Dari K』のカカオマスから作った「Ca美活 Hanikam Choco」。吸収型カルシウム、ナチュラル製法のカカオバター、発酵イチゴパウダーなどを使用。

チョコレートとの
相性の良さを重視

ポイントとなるのはビター、ミルク、ホワイトの3種から選べる各チョコレートとの相性の良さ。ドリンクのベースとなるチョコレート自体が甘いので、必然的に無糖タイプをセレクト。

ショコラプレッソ　440円

カカオの味わいをしっかり感じられるビターチョコに、原液のままの無調整豆乳を合わせた、こってり濃厚なドリンク。ピッチャー内で豆乳と合わせた固形のチョコレートを、スチームで溶かしながら撹拌する工程上、やや高温になる。そのため、豆乳の粘度も上がる。

このドリンクでは、豆乳を水で割らずに使用。とろりとした口当たりに。ホットのみの提供で濃厚な味わいのため、秋〜冬におすすめのドリンクだ。

ビターチョコ ソイミルク　アイス 660円

ショコラプレッソと同じ、ビターチョコと豆乳の組み合わせだが、アイスということもあり、味わいはガラリと変わる。無調整豆乳ならではのすっきりした後味が特徴。口当たりもスムースで、ビターチョコ由来のリッチなテイストも楽しめる。

スタンダードドリンクでは、豆乳は水と1:1の比率で割って使用。工程上、固形のチョコレートを溶かしつつ、ミルクと乳化させる必要があるため、ピッチャー内の液体が高温になる。原液のままの豆乳だと粘度が高くなってしまうのが水割りする理由だ。

ホワイトチョコ アーモンドミルク アイス 660円

甘みがやや強めで、まろやかなテイストのホワイトチョコに、香ばしいローストタイプのアーモンドミルクを合わせたスタンダードメニュー。アーモンドミルクは原液のまま使用。アイスの場合はグラス内で氷と合わさることから、チョコと液体の比率を変え、少し濃い目に調理。

チョコレートドリンク専用のマシン、インフィニミックスのスチームブレンダーでチョコレートとアーモンドミルクを撹拌。短時間でチョコレートが溶け切ることで、香りが最大限に引き立つ。

ALMOND MILK

ミルクチョコ アーモンドミルク ホット 660円

ベースのチョコレートとミルクを選ぶスタンダードドリンク。ローストタイプのアーモンドミルクはチョコレート3種（ビター、ミルク、ホワイト）のいずれとも相性が良い。こちらはやさしい甘み、かつオーソドックスなミルクチョコレートとの組み合わせ。

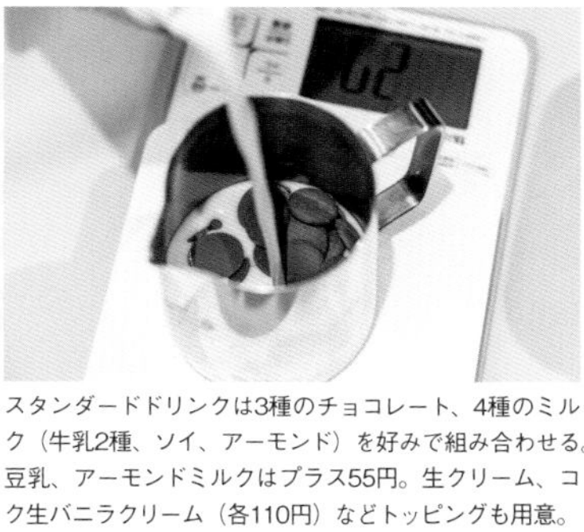

スタンダードドリンクは3種のチョコレート、4種のミルク（牛乳2種、ソイ、アーモンド）を好みで組み合わせる。豆乳、アーモンドミルクはプラス55円。生クリーム、コク生バニラクリーム（各110円）などトッピングも用意。

ALMOND MILK

SHOP
10

TOFFEE PARK

トーフィー パーク

SHOP DATA

■住所／福岡県福岡市中央区西中洲6-36 ハレノガーデンイースト
■TEL／092-791-9839
■営業時間／10時～20時（LO.19時30分）、日曜～18時（LO.17時30分）
■定休日／月曜
■規模／15坪・38席
■客単価／850円
■URL／https://www.instagram.com/toffeepark_fukuoka/

広報担当　阿南 遥さん

２０１９年入社。店舗で一番高いスキルを持つバリスタで、ラテアートも得意とする。スタッフとして働きながら、広報担当も兼任。

ソイート いちご（左）・エスプレッソ（右） 各650円

SOY MILK

その見た目のかわいさからSNSでも話題を集め、同店の人気に火を付けたオリジナルシェイク。鹿島市のラボで手作りした豆乳ジェラートをベースに、注文を受けてから豆乳と合わせてミキシング。定番としていちご、エスプレッソの2種を用意している。

自家製の豆乳ジェラートを贅沢に使用。イチゴは佐賀県産を厳選しており、ジェラートにしてもフレッシュな味わいを感じられる。いちご、エスプレッソともにカップ下部に入れる濃厚なソースも手作りだ。

ジェラートと豆乳はスムージーブレンダーでミキシング。豆乳ベースのオリジナルシェイクなので、全体的にやさしい味わいで、後味があっさりしていると好評。カップに入れたあと、最後にホイップクリームをトッピングして完成。

▶スイーツメニューは116、117ページ

SHOP 11

LIWEI COFFEE STAND

リウェイコーヒースタンド

SHOP DATA

■住所／東京都新宿区高田馬場4丁目18-12　102
■営業時間／10時〜18時
■定休日／なし
■規模／15坪・20席
■客単価／1200円
■https://liweicoffeestand.com

オーナー　Li《リ》wei《ウェイ》hsuan《シュエン》さん（右）
台湾出身。妻の上村遥子さんとともに、日本と台湾をつなぐ場として店をオープン。

自家焙煎豆のおいしさを引き立てる 2種類のプラントミルクを用意

アジア関連の飲食店が多い高田馬場に立地する『LIWEI COFFEE STAND』は、台湾出身のリウェイさんと日本人の遥子さん夫妻が営むコーヒー店。烏龍茶を隠し味にしたプリンや台湾茶のアレンジドリンクも話題だが、一番人気は自家焙煎豆を使ったカフェラテだ。

台湾でもバリスタとして活躍していたリウェイさんは、東京のコーヒーカルチャーに憧れ来日。日本語を学びつつ『STREAMER COFFEE COMPANY』に入店し、そこで店長として働いていた遥子さんと出会い結婚。2020年12月に独立開業を果たした。

コロナ禍でのオープンだったが、試作を繰り返して開発するメニューや、「好きなものをぎっしり詰め込んだ」という個性的なインテリアがＳＮＳを通じて多くのお客の心をつかみ、経営は順調。近々台湾に2号店を出す予定で、その後もアジアでの店舗展開を計画している。

同店ではカフェラテは、牛乳、アーモンドミルク、オーツミルクから選ぶことができる。当初豆乳の導入も検討したが、自家焙煎豆と相性のよい豆乳が見つからず、プラントベースミルクはアーモンドとオーツの2種類となっている。プラントベースミルクはおしゃれという感覚で、オーダーする若い女性客が多いという。

「プラントベースミルクでラテアートを描く際は、ミルクのスチーミングとスピードがポイントです。牛乳の場合エスプレッソに注ぐ前、ミルクピッチャーをたたいたり回したりしてきめを整えますが、プラントベースミルクでは私はやりません。泡が繊細なうえ、時間が経つほど分離しやすくなるので、スチーム後はとにかくスピーディーにアートを描くことが大切です。また、オーツミルクはアーモンドミルクに比べると一般的に水っぽいため、アートをあまり複雑にしないほうがいいように思います」とリウェイさんは話す。

アーモンドミルク、オーツミルクともに、コーヒーの酸を強く感じる傾向があるため、豆は浅煎りよりも深煎りの方がおすすめだという。

ラテアートしやすい アーモンドミルク

アーモンドミルクは「アーモンド・ブリーズ バリスタブレンド」を使用。前職場の『STREAMER COFFEE COMPANY』でも使っていたことから選んだ。

オーツミルクは 若年層に人気

使用するオーツミルク「マイナーフィギュアズ」をポップでアピール。カフェラテは牛乳の場合６００円で、オーツミルクやアーモンドミルクに変更の場合は６５０円に設定。

観葉植物で 癒しも提供

観葉植物を店内のあちこちに配し、自然を感じられる環境に。グリーンに癒やされると、お客から好評。

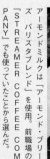

OAT MILK

オーツミルクラテ　650円

ダブルハートのアート。オーツミルクは昨年マイナーフィギュアズ社と縁があり、2021年春から導入。アーモンドミルクに比べてクセがなくさっぱりした飲み口。オーツミルクは一般的にフォームを維持しにくいので、手早くアートを描く。

リウェイさんはコーヒーの大会で優勝経験をもつバリスタ。スチームの理論やエスプレッソの技術を教えるラテアートセミナーを店舗にて開催している。初心者でも参加できる。

台湾のバリスタが憧れる、オランダのKees van der Westen（キースファンデルウェステン）製エスプレッソマシンを導入。湯温を細かく調整、キープできるので、安定した抽出が可能。

スチームでミルクフォームを完璧な状態に整えることが最も大切。フォームは立てすぎると分離しやすくなるので、牛乳の時よりも若干柔らかめに立てるのがポイントだ。スピード感をもってカップに注ぎ、お客の元によい状態で持っていくことを意識する。

ALMOND MILK

キャラメルアーモンドラテ　700円

「アーモンドミルクを使うと、コーヒーの苦みを感じやすくなる。苦みが得意でない人には、こちらのキャラメルアーモンドラテをおすすめします」とリウェイさん。キャラメルシロップの甘さとコクで、苦みがマスキングされるとのこと。

エスプレッソには、自家焙煎のアインシュタインブレンド（グアテマラとコロンビアのブレンド・深煎り）を使用。親交のある新宿『オルタナティブコーヒー』のシェアロースターを利用し、自家焙煎する。豆売りは100g 1000円〜。

温めたカップにトラーニのキャラメルフレーバーシロップ20gを入れ、その上にエスプレッソを抽出する。「アーモンド・ブリーズバリスタブレンド」は、牛乳と同じように使えるので、繊細なスワンのアートも美しいコントラストで仕上がるという。

SHOP
12

LODI

ロヂ

SHOP DATA

■住所／三重県鈴鹿市下箕田3-15-10　エスポワール1F
■TEL／059-385-0019
■営業時間／
〔火～金曜〕10時～18時
〔土曜〕9時～18時
■定休日／日・月曜
■客単価／900円
■URL／https://www.instagram.com/lodi__official/

オーナーバリスタ　山本裕美子さん

Turner・田中大介氏に師事してコーヒーの技術を磨き、2018年に開業。

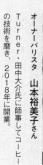

ABOUT PLANT-BASED MILK

オーツミルクの持ち味生かすアレンジで
おいしさを入り口に、ファンを増やす

三重県鈴鹿市のヘアサロンに併設する、小さなコーヒースタンド『LODI』。現代の茶室に見立てたというキッチンカーから、ドリンクや焼き菓子、軽食などを提供する。中でも評判なのが、オーナーの山本裕美子さんをはじめ、女性バリスタのセンスが光るアレンジドリンク。定番から季節メニューまで、レパートリーは70種類以上を誇る。

ドリンク作りで大切にしているのが、素材自体がおいしいこと。スペシャルティコーヒーをはじめ、地域の農園から仕入れる季節のフルーツや、厳選材料で作られるチョコレートパウダー、自家製のチャイシロップなど、自然な味わいをいかしたアレンジが特徴だ。

そんな同店が、プラントベースミルクの中から選んだのが、「マイナーフィギュアズ有機バリスタオーツミルク」。「いろいろなミルクを試しましたが、しっくりくるものが見つからなくて。初めてこのオーツミルクを飲んだ時、砂糖なしでも甘いことや、バリスタ向けに開発されたとあって、コーヒーと合わせた時のバランスのよさに驚きました」と山本さん。

オーツミルクの魅力を多くの人に知ってほしいとの想いから、上品な甘みやコク、麦の香ばしさをいかした「いちごオーツラテ」や「ハニーオーツラテ」など、オーツミルク専用のアレンジメニューを開発。また、ラテ系のドリンクなら＋100円でカスタマイズが可能だ。ラテに使用するエスプレッソは、ナッツのようなコクが広がる中煎りのブラジルとグアテマラをベースに、中浅煎りで華やかな香りのエチオピアを加えた「LODIブレンド」。軽やかな飲み口が優しいオーツミルクとマッチする。

ドリンク類のほか、軽食としてホットサンドを提供しており、麦を原料にしたオーツミルクは、食事との相性も良いという。

2023年には、三重県の自然豊かな公園内に、姉妹店のコーヒースタンドをオープン予定。より環境に配慮し、サトウキビの搾りかすを原料にしたエコカップでの提供を予定している。

合わせやすく 幅広いアレンジに対応

「コーヒーはもちろん、フルーツ、お茶、チョコレートなど、様々な素材と合わせやすく、アレンジの幅が広い」（山本さん）。この店のアレンジドリンクで初めてオーツミルクを飲み、好きになるケースも多いという。

再利用できる ステッカー

カップにはマスコットキャラクターの羊のステッカーを貼っており、かわいらしいデザインが好評。手帳やスマホケースに貼り直して楽しんでもらえるようにと、はがしやすいタイプのシールを採用している。

いちごオーツのクリームラテ　780円

冬から春の季節メニュー。三重県産のイチゴを、ヘーゼルナッツシロップ、オーツミルクとともにブレンダーにかけて作る。牛乳の代わりにオーツミルクを使うことで、とろみが出て、優しいピンクベージュ色に。ホイップクリームにのせるのは、ミルクと同じオーツ麦のグラノーラ。

OAT MILK

シロップは、オーツミルクの麦の風味とよく合うヘーゼルナッツシロップ。イチゴは、一番おいしい完熟状態で冷凍したものを使用する。

オーツミルクと合わせることで、イチゴの青臭さがマイルドになる効果も。

すべての材料を入れたら、なめらかに攪拌する。とろりとした中に、イチゴのプチプチ感がアクセント。

ゆるめに泡立てたホイップクリームをのせて。ドリンクの優しい味わいを損なわないよう、クリームも植物性タイプを選んでいる。

仕上げにオーツ麦のグラノーラをトッピング。カリカリ&ザクザクの食感が加わることで、満足感も高まる。

Specialty Chocolate 50%/70%

800円

オーガニックカカオパウダーなど厳選素材で作られるスペシャルティチョコレート「モークチョコレート」を使用。飲みやすい50%と、カカオマス入り70%の２タイプを用意しており、いずれもオーツミルクに混ぜるとチョコレートのコクが増す。甘さ控えめで、濃厚なカカオ風味を好む大人や男性にもリピーターが多い。

OAT MILK

写真のパウダーは70％タイプ。ストーンフルーツ、アーモンド、熟したベリーの印象に、ほんのりとしたトフィー感とダークチョコレートの余韻が続く、まろやかな味わい。

ドリンクに使用する、オーストラリア発の「モークチョコレート」。オーガニックカカオパウダー、100％カカオマス、未精製のココナッツブロッサムシュガーのみで作る、スペシャルティチョコレートだ。

チョコレートパウダーは常温では溶けづらい。オーツミルクに加えたら、ダマにならないようミニホイッパーですばやくかき混ぜ、エスプレッソマシンのスチーマーで軽く温めながら完全に混ぜ溶かす。

塩抹茶ラテ　750円

発色のよい京都産抹茶を使用した、グリーンと白のコントラストが美しい一杯。シロップで甘みをつけたオーツミルクに、一杯ずつ茶せんで点てた、香り高い抹茶を注ぐ。抹茶には岩塩が加えてあり、塩気が入ることで甘みや味わいの輪郭がくっきりと感じられる。

OAT MILK

抹茶に加える岩塩が、全体を引き締める名わき役に。岩塩は、溶けやすいよう粒度の細かいタイプを使用する。

茶せんで点てると香りが引き立ち、クリーミーな泡によりオーツミルクとなじみやすくなる。

氷にオーツミルクを注いだら、マドラーで混ぜて冷やしておく。ほんのり温かい抹茶との温度差を作ることで、層が分かれやすくなる。

抹茶を氷に当てながら静かに注ぐ。牛乳と比べて乳脂肪分の低いオーツミルクは、時間が経つと抹茶と混ざりやすいため、提供もすばやく行う。

ハニーオーツラテ　650円

材料はハチミツ、エスプレッソ、オーツミルクとシンプルながら、それぞれが持つコク、甘み、香ばしさなどが合わさり、ピーナッツバターのような深みが感じられる。ハチミツの重みでエスプレッソがカップの底に沈んでいるため、全体を混ぜながら飲んでもらう。

OAT MILK

ハチミツに、抽出したてのエスプレッソを注ぎ、オーツミルクと合わせる前によく溶かし混ぜておく。ハチミツは、他の素材を邪魔しないよう、クセの少ないアカシアハチミツを使用。

チャイコーヒー　650円

自家製チャイシロップをオーツミルクで割り、エスプレッソを注いだ夏向けのアレンジ。シロップは、刻み生姜やスパイス類をふんだんに使った、ピリリとスパイシーな仕上がり。これに、オーツミルクの麦の香ばしさと、華やかな印象のエスプレッソが混ざり合う。

セイロンの茶葉、刻んだ生姜、ブラックペッパー、クローブ、シナモンなどのスパイスを煮出した自家製のチャイシロップを使用。生姜は、きび砂糖をまぶして一晩寝かせると風味が引き立つ。

OAT MILK

SHOP 13

WONDERFUL CAFE

ワンダフルカフェ

SHOP DATA

■住所／東京都港区元赤坂1-1-16
■TEL／070-3192-5814
■営業時間／8時30分〜16時
■定休日／火・土・日曜、祝日
■規模／5.6坪・4席
■客単価／550円
■URL／https://wonderful.cafe

店長・バリスタ　奥野佐織さん

1人で店を切り盛りする。パティシエやバーテンダーなど飲食業に長く従事してきた。

エスプーマからカスタードクリームまで オーツミルクを多彩にアレンジ

赤坂見附駅から徒歩約3分という好立地にある『WONDERFUL CAFE』。人にも地球にもやさしく、かつ、感動のあるメニューを提供するコーヒースタンドとして、2020年末にオープンした。

ラテアートの世界チャンピオンであり、マイナーフィギアズ オーツミルク アンバサダーであるTURNER(ターナー)こと田中大介氏をコーヒープロデューサーに迎えるなど、豆のセレクトやスタッフの技術指導を依頼している。

同店では牛乳を用いず、オーツミルクを使用するのが特徴だ。はじめての来店客にはそれを伝えてから、オーダーを受ける。

店長の奥野佐織さんは「オーツミルクを知らないという方には、まず試飲してもらいます。ほぼ全員が、甘くておいしい、クセがなくて飲みやすいと気に入ってくださいます」と話す。

オープン当初は片手ほどだったメニュー数も、現在は20種類以上に増えた。レシピ開発は、パティシエやバーデンダーなど長く飲食業に携わってきた奥野さんが担当する。“感動のある1杯”にするため、副材料のシロップからクリームまで可能なかぎり自家製にこだわる。また、オーツミルクにアーモンドを漬け込む、エスプーマで泡状にするなど、新しい試みにも積極的だ。

「オーツミルクは組み合わせる素材によってフレーバーが複雑になりすぎてしまったり、見た目が地味になってしまったりと、レシピ開発には苦労します。その分、納得のいくメニューが完成したときの喜びは大きいですね。ヘルシーでオリジナリティのあるドリンクを提供している自信があります」と奥野さんは話す。

2022年春からはじめたオーツミルクを使ったかき氷も、かき氷フリークの間でこれまでにない味と話題になっている。現在はオーツミルクや抽出後のコーヒー粉を使った、ＳＤGsの視点を取り入れた焼き菓子を開発中。同店からオーツミルクの新たな可能性が広がっていきそうだ。

再生紙を積極的に利用

店内席もあるが、９割のお客がテイクアウトで、ウーバーイーツの注文も多数。手提げ袋やカップホルダー、カップのふたは、紙製をセレクト。

プラスチックカップ不使用

アイスドリンクも環境の観点から紙コップを使用する。きれいな色が見せられず、地味になってしまうが、「見映えよりも味を重視すればよい」と、飲んで満足してもらえることを目指す。ストローは求められた場合のみサトウキビ原料のものを渡す。

マイボトルを推奨

サイズ・カラーを取り揃え、店内で販売する「Ecoffee Cup（エコーヒーカップ）」。環境にやさしいバンブーファイバー（竹の繊維）を使ったポータブルコーヒーカップで、繰り返し使える。

アイスドリップコーヒー　オーツミルクエスプーマトッピング　600円

ドリンクはプラス50円でオーツエスプーマのトッピングが可能。コーヒーは大阪のスペシャルティコーヒー専門店『ＨＯＯＰ』から仕入れる。ワンダフルブレンド、エチオピア、コロンビアの3種類を用意するが、アイスには飲み応えのあるコロンビアをおすすめする。

ＯＲＩＧＡＭＩドリッパーを使い、急冷式で抽出する。アイスの場合、コーヒー18ｇに対して92℃の湯１８０mlを3回に分けて注湯する。蒸らし時間をしっかりとるのがコツ。

業務用のエスプーマ（液体の食材に亜酸化窒素を加え、泡状にする）器具。オーツミルクに生クリームを１割ブレンドすると、軽い口当たりの泡を安定して作ることができる。生クリームは風味の面から、動物性のものを使用する。

OAT MILK

OAT MILK

アイスデコポンオーツミルクラテ
600円（期間限定商品）

オーツミルクのカフェラテに自家製デコポンジャムを加えたアイスドリンク。甘さは控えめでほろ苦さの残るジャムが、オーツミルクの甘みとマッチする。オーツミルクは氷で薄まると、牛乳よりも味がぼやけやすいため、アイスの場合は特に配合に気を配る。

皮と身をブレンダーにかけ、きび砂糖で煮詰めた自家製のデコポンジャム。エスプレッソを加えない、デコポンオーツミルクフラッペ（４００円）も人気。

オーツミルクブリュー（ホット） 550円

水ではなくオーツミルクで抽出するコールドブリュー。中挽きにしたコーヒー粉を15〜17倍量のオーツミルクに15〜18時間漬けて抽出する。コーヒーはエチオピア アラカ ナチュラル（浅煎り）。オーツミルクと合わせると、チョコレートのようなフレーバーが生まれる。

ストレーナーにコーヒー粉を入れ、15〜18時間冷蔵庫で漬ける。

アイスはそのまま氷を入れて、ホットの場合は63〜70℃にスチーミングして提供する。

アイスアーモンドオーツミルクラテ 600円

オーツミルク×アーモンドのハイブリッドなミルクで作るラテ。ホールの生アーモンドをオーツミルクにひと晩漬け、いったんアーモンドを取り出し粉砕してから戻し入れ、さらにひと晩漬ける。出来上がった「アーモンドオーツミルク」にエスプレッソを注いで完成と、時間と手間をかけた一杯。

アーモンドはローストするとオーツミルクが土っぽい香りになってしまうため、生の状態で使用する。奥野さんが試作を重ねて開発した、奥深いコクが特徴のオリジナルラテだ。

黒糖オーツミルクラテ　600円

黒糖の濃厚なコクとオーツミルクの香ばしさ、そしてエスプレッソのキャラメルのようなフレーバーが溶けあい、どこか懐かしくも新しい味わい。黒糖シロップは、沖縄の黒糖をゆっくり煮詰めて作る。風味が強く、味わい深いシロップになる。

エスプレッソマシンはラ・マルゾッコ社の一連式を採用。ワンダフルブレンド（コロンビアの中深煎り、グアテマラの浅煎り、エチオピアの浅煎りのブレンド）をワンショット使用。

とろりと濃厚な、自家製黒糖シロップ。さまざまな黒糖を試し、一番風味がよかった西表島産を使用。

煎茶ラテ　550円

煎茶葉にスチームしたオーツミルクを注いだ、やさしい味わいのラテ。煎茶の繊細な香りをたっぷりの泡で閉じ込めるよう、ミルクは通常よりも強めにスチーミングするのがコツ。静岡県にある日本茶セレクトショップ『chagama』の、国産煎茶を使用。

店内で茶葉を一杯用のバックに加工する。最後までしっかり香りを楽しめるよう、茶葉バッグはカップに入れたまま提供する。

▶スイーツメニューは128ページ

SHOP

14 SOiSPACE

ソイスペース みなとみらい店

SHOP DATA

■住所／神奈川県横浜市西区みなとみらい4-6-2
みなとみらいグランドセントラルテラス1F
■電話／045-319-6259
■営業時間／10時〜20時
■定休日／なし
■規模／24坪・20席
■客単価／800円

店長　小島佳子さん

自社工場での豆乳製造を担当後、現在は製造と店長を兼任している。

ABOUT PLANT-BASED MILK

自社工場産豆乳を柱に
国産大豆のおいしさを発信

自社工場で搾った新鮮な豆乳を使って評判の、豆乳専門のカフェ『SOiSPACE』。2021年12月にオープンしたみなとみらい店では、自社工場で作ったフレッシュな豆乳を、「ソイドリンク」や「ソイスープ」として提供する。

「ソイドリンク」は8種類を用意。豆乳をそのまま味わってもらうプレーンタイプの「元町搾り豆乳」をはじめ、抹茶や紅茶と組み合わせたり、自家製ジャムなどと組み合わせた「+ブルーベリー」や「+マンゴー」といったフルーツ系のアレンジも用意。

「ソイスープ」は、具材をペースト状にして豆乳で溶いたもので、「さつまいもとかぼちゃ」「ごぼうと味噌」各レギュラー 440円など4種類を提供。どちらも定番に加え、旬のフルーツや野菜を使った季節メニューを組み込み、お客を飽きさせない。また「ソイスープ」とパンを組み合わせたセットも用意し、フード利用も獲得している。

同店を運営するチェーンタク・ミライ㈱　代表取締役の江上峯青氏は、豆腐店で飲んだ豆乳のおいしさに感銘を受けたことをきっかけに、3年をかけて開業に至った。その過程で日本の大豆の自給率の低さを知り、大豆生産量拡大の一助となるように、国産大豆の魅力を発信することを決意。国産大豆にこだわり、横浜元町の自社工場で、毎日フレッシュな豆乳を製造する。

製造には、日本で同社が初めて導入したという高性能な新型豆乳製造機を使用。独自のプログラミングで搾り方を調整し、大豆の持つ個性を活かして仕上げている。現在大豆は、「ミヤギシロメ」を主体に使うが、スポット的に様々な産地の大豆を使用し、品種ごとの味の違いなどもアピールする。

ドリンク類に加え、自社製の豆乳やおからを使ったパンをメーカーに開発委託し、みなとみらい店でサンドメニューに使用。同社の豆乳を使っている東京・有楽町の肉まん専門店『TOKYO PAO』の肉まんを、みなとみらい店でも販売するなど、豆乳を柱にした新商品展開も積極的に進めている。

高性能豆乳製造機で大豆の特性を引き出す

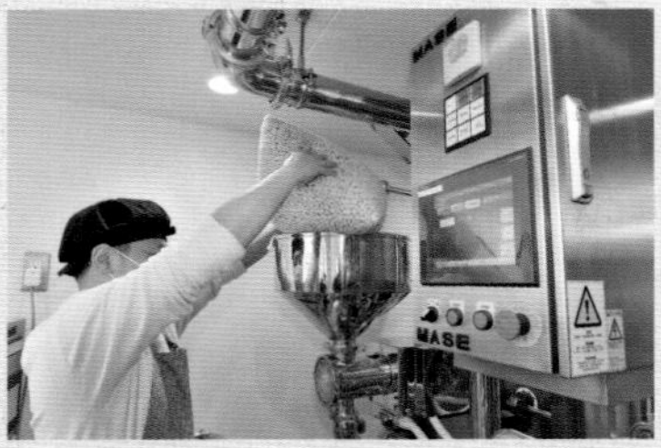

元町の自社工場では、高性能の新型豆乳製造機を使用し豆乳を製造。濃厚ながら飲みやすいようにと水分量にも気を配り、独自の豆乳を作り上げげた。

国産大豆にこだわり品種ごとの違いもアピール

大豆は大きくて甘みのある、国産の「ミヤギシロメ」をメインに使用。その他スポット的に他の産地の国産大豆を使うこともある。

自家製おからを活用しドーナツも開発

おいしくおからに親しんでもらえるように、自社製のおからを使った「おからドーナツ」も販売している。現在は「プレーン」のほか、「抹茶」、「生姜」も展開。

DRINK
MENU

元町搾り豆乳　レギュラー 385 円

近くにある自社工場で搾ったフレッシュな豆乳をそのまま使用。冷蔵状態で保存しており、アイスは冷たいまま、氷は加えずに提供。ホットにも対応する。豆の風味豊かな味わいがストレートに感じられる。

「ソイドリンク」は、テイクアウト用のボトルも用意。小サイズ２００㎖、大サイズ５００㎖で、次回来店時に容器を持参すると30円引きに。

SOY MILK

SOY MILK

十エスプレッソ　レギュラー 440 円

注文ごとに「LA CIMBALI」で抽出したエスプレッソに豆乳を合わせたソイラテ。自家製豆乳の濃厚な味わいとのバランスを考え、中深煎りのコーヒー豆を使用。ガツンと強い味わいで、飲みごたえのある一杯に。

SOY MILK

＋アールグレイ　レギュラー 440 円

アールグレイの紅茶と豆乳の組み合わせ。アールグレイは茶葉を蒸らした後濃い目に淹れて、豆乳で割る。アールグレイの華やかな香りが立って飲みやすく、無調整豆乳を飲みなれていないという人からも好評を得た。

＋抹茶　レギュラー 440 円

抹茶パウダーを湯でのばし、さらに豆乳で割って抹茶味に。抹茶と豆乳の香りのバランスを考えながら開発。シロップ入りとシロップなしが選べるが、甘さを加えると香りが立ちやすいので、シロップ入りバージョンをおすすめする。

SOY MILK

随所にエコを意識し、コップは紙コップに。エンボス加工を施した丈夫なタイプで、熱いドリンクを入れてもそのまま持つことができる。ストローは竹製。中をくり抜いて作っており、口当たりもよい。

＋ブルーベリー　レギュラー 550 円

季節商品として旬のフルーツを使って開発した新商品。ブルーベリーと砂糖を煮詰めて自家製ジャムを作り、豆乳で割る。ブルーベリーの甘酸っぱさが加わり、すっきりとした飲み口に。甘味があるので初心者にもおすすめ。

SOY MILK

＋マンゴー　レギュラー 550 円

季節商品として旬のフルーツを使って開発した新商品。マンゴーと砂糖を煮詰めて自家製ジャムを作り、豆乳で割る。マンゴーの華やかな香りと甘みと、まろやかな豆乳がベストバランス。幅広い層におすすめできる。

SOY MILK

豆乳に慣れていない人にもおいしく飲んでほしいとの想いから、お客の好みをきいて口頭でおすすめを行う。特に同店では甘さを加えていないタイプの豆乳もあるので、飲みやすさや甘さなどを説明。

SOUP
MENU

1 2種のきのこ
レギュラー440円

SOY MILK

SoiSOUP

豆乳のスープを、季節に合わせて常時5品揃える。元町の工場でベースを仕込んでおり、店でこれを注文ごとに豆乳と一緒に温める。ベースは、主役の野菜と玉ねぎを炒めて水と煮込み、ペースト状にしている。味付けは基本的に塩のみで、油脂をほぼ使わずにナチュラルに仕上げる。

2 ほうれん草とベーコン
レギュラー440円

SOY MILK

SOY MILK

3 さつまいもとかぼちゃ
レギュラー440円

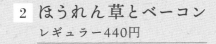

好みのスープに、パンやサラダを組み合わせたセットを用意し食事利用を掴む。写真は「スープとパンとサラダのセット」８８０円。サラダには旬の野菜類を使い、自家製豆乳のシーザーサラダドレッシングをかける。

4 3種の豆野菜 レギュラー440円

SOY MILK

5 とうもろこし レギュラー440円

SOY MILK

SOY MILK

6 フルーツトマト レギュラー440円

①～③は開業時から提供する人気メニュー。①香りがつよい椎茸と、個性がつよすぎないエノキ茸という２種類のキノコを組み合わせ、キノコ感を強調しつつバランスよく飲みやすく仕上げた。②ホウレン草とベーコンという相性の良い組み合わせ。ベーコンの旨みが効いており、味わい深く満足度の高い一杯に。③サツマイモとカボチャという女性好みの野菜を組み合わせた一杯。サツマイモをメインで使い、野菜自体の甘みのみで優しい味わいに仕上げている。
④～⑥は夏向けに冷製でも提供できるものをと開発。④豆野菜は枝豆、グリーンピース、モロッコいんげんを組み合わせた豆づくし。青臭さを和らげるためにホワイトペッパーを隠し味にする。⑤北海道産トウモロコシを使用。濃厚な風味と甘みが魅力。⑥規格外で味が良いフルーツトマトを仕入れ、皮ごと使う。煮込む際セロリの軸を加え、さわやかさをプラス。冷製ではすっきりとしたトマトの甘みと酸味、温製ではトマトソースのような濃い旨みを楽しませる。

SHOP 15

OREC green lab 福岡

オーレック グリーンラボ フクオカ

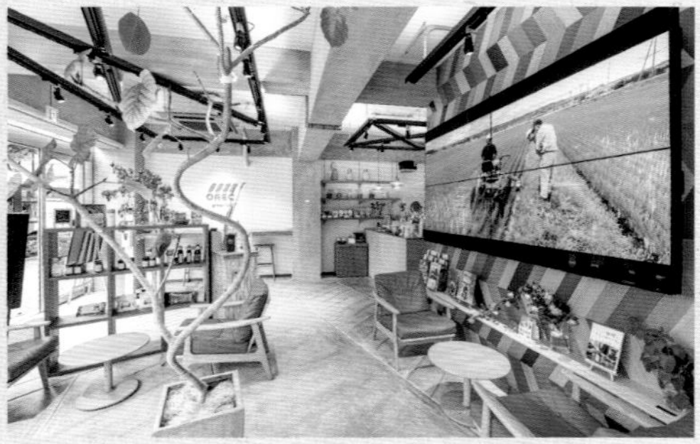

株式会社オーレック
経営総合部　**佐々木竜哉**さん

ブランディング広報グループに所属。ブランド発信拠点、OREC green lab 福岡の運営などに携わる。

SHOP DATA

- ■住所／福岡県福岡市中央区赤坂1-13-1
- ■営業時間／9時～18時
- ■定休日／日・月曜、祝日
- ■席数／45席
- ■客単価／550円
- ■URL／https://www.orec-jp.com/greenlab-fukuoka/

プラントベースミルクでも、フォトジェニックなラテアートを実現

西武新宿線、野方駅から徒歩5分の閑静な住宅街に立地する『コーヒークローム』。フランス料理店『オーバカナル』、老舗エスプレッソカフェ『ダブルトールカフェ』で長年バリスタとして活躍してきた田村賢太さんが、2021年12月に開業したコーヒーショップだ。

ふんわりとしたオムレツやオープンサンドといったフレンチテイストの軽食も人気で、すでに地元で愛される店となっている。赤ちゃんやペット連れの利用も歓迎しており、散歩ついでに毎日立ち寄るという常連客も多い。

店の看板メニューは、ラテアートの大会で何度も優勝してきた田村さんが淹れるカフェラテ。お客のリクエストを受け、ペガサスやバラ、矢の刺さったハートといった凝ったデザインの一杯を作ることも多い。

同店ではすべてのミルクビバレッジで、牛乳をアーモンドミルクもしくは豆乳に置き換えることができる。ダイエットやトレーニング中の人を中心に、お客の２～３割がプラントベースミルクを選ぶという。一度飲むとさっぱりした口当たりにはまり、リピートする人が多い。

ラテアートにおいては、一般的に牛乳と比べて細かいアートが難しいが、田村さんのホスピタリティと技術により、緻密なラテアートにも対応している。

「アーモンドミルクは様々な商品を試しましたが、最もきめ細やかでクリーミーな泡を作れたのが「アーモンド・ブリーズ　バリスタブレンド」でした。美しいラテアートを作ることが可能です。どんなタイプのコーヒーとも相性がよいのも魅力で、深煎りならアーモンドのナッティーさを感じられるし、浅煎りならコーヒーのフレーバーをクリアに引き出してくれます」と、田村さんは話す。

また、オーストラリア発の豆乳「ボンソイ」は、チャイと合わせるのがおすすめとのこと。スチームするとソフトでクリーミーな泡になり、チャイのスパイスを引き立ててリッチな味わいに仕上がる。

フードも極力自家製し、ロスを減らす

一人営業で多忙な中、軽食や焼き菓子も自家製する。食材を大切に使い、ロスを減らす取り組みも。軽食はオムレツプレートやあんバタートーストが売れ筋。お菓子はパウンドケーキやブラウニーなど常時4～5品を揃える。

老舗の食材を積極的に使い、地域の経済的持続可能性に貢献

軽食に使うパンやあんこなどは、地元の老舗のベーカリーや和菓子店から仕入れる。創業100年以上の「篠勝青果」からは、フルーツや野菜を購入。日々の交流から関係が深まり、困った時に助けてもらうことも多いという。

ALMOND MILK

アーモンドミルクカフェラテ　560円

テーブルに運ぶと歓声があがる、ペガサスの美しいラテアート。エスプレッソには『ダブルトールカフェ』から仕入れる中深煎りのブレンドを使う。ビターなコクがアーモンドミルクのナッツの風味と合う。

プラス100円で牛乳からアーモンドミルクへの置き換えが可能で、愛飲者は増加中。「このアーモンドミルクは牛乳と同じように扱えてアートも長持ちする、使いやすい素材」と田村さん。

ラ・マルゾッコ社のエスプレッソマシンで抽出。最初はカップを少し傾け、持ち手が自分の左斜め手前になるようホールドし、ピッチャーを軽く振りながらエスプレッソに優しく注ぐ。クレマの下にミルクフォームが入ることで、土台がしっかりとする。カップを水平に戻しながら、パーツ一つひとつを丁寧に仕上げていく。

SOY MILK

プラナソイチャイ　550円

ヴィーガンの人口が多いオセアニアでは、チャイにはソイを合わせるのが一般的だという。少量の熱湯でチャイミックスを蒸らしてから豆乳を加え、そのままスチームし、漉しながらカップに注ぐ。

「ボンソイ」と同じく、オーストラリア産のチャイミックス「プラナチャイ」を使用。香料などは使わず、天然素材だけで作られている。

海外でもメジャーな豆乳「ボンソイ」は、外国人客がパッケージを見て、「自国でいつもこれを飲んでいる」と喜ぶことが多いという。牛乳に比べ、まろやかな味わいが特徴だ。

ALMOND MILK

アイスアーモンドミルクカフェオレ　560円

浅煎りのエチオピアコーヒーのコールドブリューと、アーモンドミルクを合わせた夏にぴったりのドリンク。エチオピアナチュラルのベリーのフレーバーが際立つ。

SHOP 17

RAYS LITTLE DINER

レイズリトルダイナー

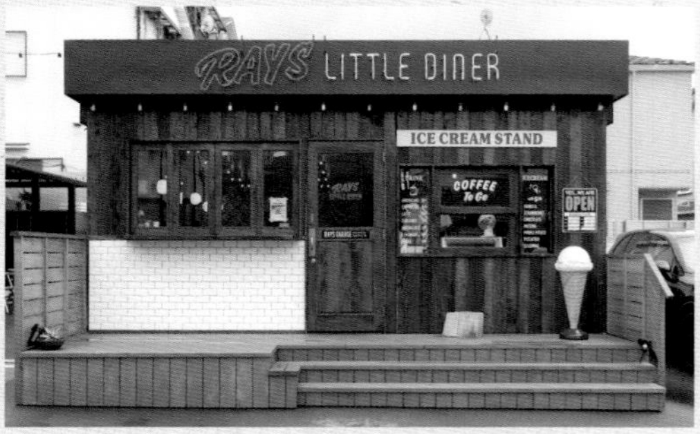

SHOP DATA

■住所／大阪府東大阪市池之端町4-11
■TEL／072-981-0707
■営業時間／9時〜21時
■定休日／水曜日
■規模／15坪・20席
■客単価／2000〜2500円
■https://www.instagram.com/rays_little_diner/

オーナー　三間嶺斗さん

経営者の三間嶺斗氏。米国での生活からプラントベースミルクへの関心を持ち店に導入。

ABOUT PLANT-BASED MILK

グアテマラ産シングルオリジンの豆に合わせ、米国西海岸でも人気のオーツミルクを選択

『レイズリトルダイナー』は、大阪・東大阪市の住宅街に　2020年にオープンした店。中古車販売会社を経営し、以前からアメリカでの生活が長かった社長の三間嶺斗さんが、若い女性にも気軽に車を見に来てほしいと、食事もドリンクも楽しめ何時でも開いていて気軽に利用できるスタイルの店として、ガレージ内に設けたアメリカン・ダイナーだ。

コーヒー、ソフトドリンクなどは、どれもアメリカンサイズ。ハンバーガーは手作りのパティに天然酵母のバンズを使うなど、どのメニューでも評判を集める同店で扱うプラントベースミルクは、オーツミルク。

「学生時代はアメリカ西海岸に住んでいて、仕事をするようになってからは東海岸でも生活する機会がありました。その頃からプラントベースミルク、特にオーツミルクは普通にカフェなどで置いていて、私も飲んでいましたから、味は知っていました。女性のお客様はコーヒーではラテをオーダーされることが多いのですが、オーツミルクはカロリーが低いこと、日本人に多い牛乳が苦手な人にも飲めることに加え、環境負荷への配慮という最近の事情も考え、この店でも導入しようと決めました」と三間さんは話す。

「コーヒーは、グアテマラのシングルオリジンを中深煎りにして、エスプレッソマシンで抽出した時、苦みと深みが出るようにしてもらっています。オーツミルクは色々なブランドの製品を試飲した中から、このコーヒーの個性と合うものを選びました」（同）

ただし、スチームミルクを作る際は牛乳に比べてオーツミルクは泡の粒が小さくなりにくいという特徴があるため、対流を工夫したり量感の調整をしたりするという。

プラントベースミルク自体に少し甘みとコクがあり、コーヒーだけでなく抹茶や焙じ茶などの苦みのある日本茶とも相性が良いことから、それらと組み合わせたドリンクも用意して人気を集めている。

食器類は、アメリカ80〜90年代のイメージに合うものを個人輸入

カップなどの食器は、アメリカ80〜90年代のテイストを表現した「ACME」製。店の雰囲気に合わせるため、オーストラリアを通じ個人輸入の形で取り寄せた。

他のメニューと同列に扱い、気軽にオーダーできる印象に

メニュー表もアメリカン・ダイナー風に紙に印刷したもの。プラントベースミルクを使ったドリンクは特別メニューではなく、他のドリンクと同列で表記し気軽に注文してもらう。

コーヒーの苦みと深みとの相性からオーツミルクを選択

オーツミルクの採用にあたっては色々試飲し、苦みと深みのあるコーヒーの個性との相性から、「マイナーフィギュアズ」のオーツミルクを選択。

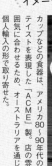

オーツミルクラテ　770円

アメリカン・ダイナーとして、ドリンクはたっぷり目。コーヒーは10オンスのカップで提供する。エスプレッソ25mlに対し、オーツミルクを260ml加える。薄茶色のオーツミルクはコーヒーの色と同化して全体に薄い色あいになりがちだが、コーヒーを濃くすると重くなるので、この比率になった。

抹茶オーツミルクラテ　770円

緑色が涼し気なドリンク。京都にある茶園から取り寄せた抹茶を使用。少量の湯を入れて泡立てた抹茶に、氷とともにオーツミルクを加える。オーツミルク自体に軽い甘みがあるので、砂糖は極力控え目にして、抹茶の苦み・香りの邪魔にならないようにしている。

焙じ茶オーツミルクラテ　770円

抹茶と同様に、京都の茶園から仕入れる焙じ茶を使用。やや濃い目に淹れた焙じ茶に、氷とともにオーツミルクを加える。焙じ茶の香りが非常に香ばしくしっかりとしており、オーツミルクの優しいコクともよく合う。特有の苦みも、オーツミルクのコクと合わさり、まろやかに感じられる。

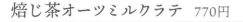

PLANT-BASED MILK MENU BOOK

Chapter 3

プラントベースミルクを使った、評判スイーツ

>>>P046

OAT MILK

アップルシナモンクレープ　750円

グルテンフリー・乳製品不使用のクレープ。米粉とオーツミルクを使った生地に、豆乳入りのホイップを絞る。他にバナナ味やブルーベリー味が定番で、季節限定メニューが適宜加わる。どれもフィリングがたっぷりで、食べ応え充分。小さな木製スプーンを添える気遣いも喜ばれている。

クレープ生地にはイタリアの「プリマヴェーナ オーガニックオーツミルク バリスタ」を使用。甘みと香ばしさのある、おいしい生地になる。米粉の生地は小麦粉の生地に比べて破れやすく、時間が経つと固くなりやすいので、その都度焼く。

ひと口大にカットしたリンゴをてんさい糖、赤ワイン、レモン果汁とで煮た、自家製コンポート。

食感のアクセントにもなるグラノーラ。保存料、着色料不使用のものをセレクト。

豆乳ホイップは、近くの小売店で少量ずつ購入する。200mlにつき10gのてんさい糖を加え、絞った時にダレないよう9分立てにしっかり泡立てるのがポイント。

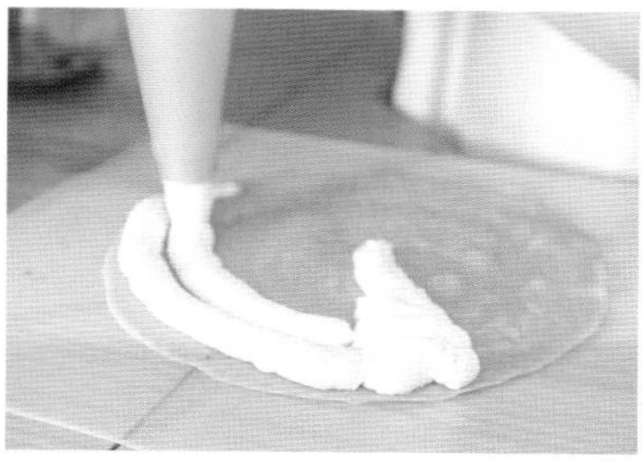

フィリングは巻く前、巻いた後と2回に分けてそれぞれのせる。見た目もよく、最後までおいしく食べられる。

Sunny Spot Cafe

>>>P046

OAT MILK

オーツプリン 350円

牛乳の代わりにオーツミルクを使った蒸し焼きプリン。コクを出すため、豆乳ホイップを隠し味として加えており、味わいは濃厚。オーツミルクを使うと、口当たりがとろりと柔らかく仕上がる。カラメルソースは底に敷くのではなく、トップにあるのがポイント。ひとくち目からおいしく、見た目もよい。

▶プリンの作り方は142ページ

TOFFEE
PARK
>>>P074

TOFFEEの豆乳ドーナツ　各450円

同店のオープン後間もなく、「新たにうちならではのフードを」と開発。開発段階では「シンプル過ぎるのでは」と懐疑的な意見も上がったが、提供をスタートしてみると、売り切れ続出の人気スイーツに。外はサクッと、中はふんわり、モチッとした食感がくせになると評判だ。プレーンときなこの2種を用意する。

あらかじめ軽く揚げておいたドーナツを、提供直前に1分間揚げて仕上げる。豆乳を生地に練り込むほか、甘さを控えめにしているので、素材の味わいをストレートに感じられる。プレーン、きなこともに4個セットで販売。

TOFFEE
PARK
>>>P074

SOY MILK

アイス豆腐チョコ ミニ 各500円

三原食品謹製の豆腐・豆乳を、チョコレートとほぼ同量使用。生チョコレートを思わせるなめらかな口当たりが魅力で、非常に溶けやすいため冷凍で販売。少し解凍して食べると、豆腐の味わいがしっかり感じられる。ベーシック、抹茶、ほうじ茶、ピスタチオの4種を常時用意。ミニはイートイン用の商品。

店では持ち帰り用のアイス豆腐チョコも1箱18個入り1620円で販売。冷凍しているため、持ち帰りの際は保冷剤を付けるほか、オリジナル保冷バッグ（330円）も用意。4種の味をセットにしたアソートBOX（3020円）もある。

ocio Healing
space&Cafe
>>>P057

SOY MILK

米粉のジンジャーキャロット　320円

豆乳ヨーグルトを使った、ヴィーガン・グルテンフリー仕様のパウンドケーキ。隠し味に入れる塩麹が、味に奥行きを与える。同店の焼き菓子類はすべて甘さ控えめで、デザートとパンの中間のような存在。着色料、保存料などは一切不使用で、子供のおやつにぴったりと、テイクアウトする人も多い。

▶ケーキとココナッツソイクリームの作り方は142ページ

焼き菓子に添えるココナッツソイクリーム。豆乳ヨーグルトやココナッツオイルで作る、なめらかでコクのある味わい。

パウンドケーキ、クッキー、マフィン、スコーン、ビスケットなど、日替わりで10種類前後の焼き菓子を用意。ヴィーガン、ベジタリアン、グルテンフリーのものがひと目で分かるよう、カラーシールでカテゴライズしている。

ocio Healing
space&Cafe
>>>P057

OAT MILK　SOY MILK

ヴィーガンプリン　400円

卵と牛乳を使わない、完全プラントベースの“ヴィーガンプリン”を、研究熱心なスタッフが開発。2022年夏の新商品だ。オーツミルクと豆乳をブレンドすることで複雑なコクを、寒天と葛粉を使うことでなめらかな食感を実現。ほのかに香るバニラビーンズが、上品な印象だ。

►プリンの作り方は143ページ

カラメルには煮詰めたメープルシロップを使用。グラニュー糖で作るよりもやさしい甘さ。

so good
coffee&
bake
>>>P065

豆乳バナナメープルスパイスパウンドケーキ　330円（テイクアウト324円）

開業当初からの根強いファンが多い、バナナを使ったパウンドケーキ。今回は、豆乳の優しい味わいをいかすため、バターを米油に変更し、シナモンやカルダモンなどの香り高いスパイスを使って満足感を高めた。通常、ケーキ類に添えている動物性のホイップクリームは使わず、素朴なおいしさを楽しませる。

►パウンドケーキの作り方は143ページ

バナナ、メープルシロップ、黒糖といった自然の甘みが、豆乳のまろやかな甘さとよく合う。バナナはシュガースポットが出るまでしっかりと完熟させることで、甘みが増し、生地に混ざりやすくなる。

バターの代わりに米油を使うことで、焼き上がりの翌日以降も、もっちり&しっとり感が続く。生地を口当たりよく仕上げるには、豆乳と油を合わせる際に、しっかりと混ぜて乳化させるのもポイント。

SOY MILK

alt. coffee roasters
>>>P054

コーヒーゼリーアフォガード　880円

SOY MILK　COCONUT MILK

コーヒーゼリーの上にのるのは、豆乳で作る自家製ヴィーガンアイス。豆乳（大豆）特有の風味が強調されないよう、ココナッツミルクを加えてコクを補う。甘みはてんさい糖などでつけている。寒天で作るコーヒーゼリーには、コーヒー感が引き立つブラジル豆を使用。

豆乳とオーツミルクの両方に対応できるコーヒーをと、２０２２年には同店初となるブレンドを作り、ラテなどに使用する。コクの中に華やかさが香る「京都ブレンド」２００ｇ１５００円。

浅煎りのエスプレッソ（京都ブレンド）をかけると、時間とともにヴィーガンアイスがとけてコーヒーゼリーラテのようになる。アイスクリームの追加は２５０円。

alt. coffee
roasters
>>>P054

エスプレッソがけスパイスプリン　700円

オーツミルクを使い、スパイスでコクを補ったプリンと、オーツ麦で作るグラノーラのマリアージュが楽しめる。プリンは、きび糖（または黒糖）と寒天でほんのり甘く絶妙なぷるぷるの食感に。プリンの上にのる豆乳ホイップは、豆乳とオイルにほんの少し酸（レモン果汁）を加えて乳化させたもの。

OAT MILK　SOY MILK

浅煎りのエスプレッソ（京都ブレンド）が、スパイス（カルダモン・シナモン・クローブ・アニス）のきいたプリンを引き立てる。プリン、豆乳ホイップ、グラノーラはいずれも自家製。

alt. coffee
roasters
>>>P054

COCONUT MILK　SOY MILK

季節のVeganワッフル　900円

全粒粉のスペルト小麦または米粉と、砂糖にかえて甘酒で作るワッフルに、季節のフルーツなどとヴィーガンアイス、豆乳ホイップをトッピング。フレーバー（具材）は時季や日によって数種類から選べる。写真は「ビーツと発酵レモンのスパイスサングリア」で、ほかに男性に人気の高いバナナティラミス、ゴーヤのジャム、パイナップルとレモンなどがある。

「ビーツと発酵レモンのスパイスサングリア」は1年かけて酵素発酵させたレモンとビーツに、オーガニックワイン（白）でサングリアにしたもの。自然栽培のレモン（写真）が使われる。

Ron Herman
cafe
SENDAGAYA
>>>P041

ヴィーガンアボカドケーキ　※本書のための参考商品

アボカドそのものを食べているような濃厚な味わいのヴィーガン対応のパウンドケーキ。大豆由来の植物性バターや、麹甘酒、ライム果汁などを使用し、やさしい酸味のあるしっとりとした生地に。レモンの酸味を加えたシュガーコーティングを施し、ピスタチオをトッピング。ヴィーガンメニュー強化の一環として、2021年2月～2022年6月に提供。

動物性油脂を使わず、大豆主体で作られた「ソイレブール」（不二製油）をバター代わりに使用。動物性のバターよりもやさしい味わいに仕上がる。

SOY MILK

Ron Herman
cafe
SENDAGAYA
>>>P041

ヴィーガンキャロットケーキ　600円

人参のクセをほどよく残しつつ、バランスよく食べやすい味わいに仕上げたキャロットパウンドケーキ。ヴィーガン向けで、生地には卵白の代用として豆の煮汁・アクアファバなどを使用し、しっとりと仕上げる。生地には数種類のスパイスをきかせ、クルミを練りこみ食感をプラス。上には豆乳やカシューナッツ、ソイバターなどで作ったクリームをかける。

動物性の食材不使用。旬の有機栽培の人参を主体に、豆乳やカシューナッツで作るソイバターなどを組み合わせる。

SOY MILK

>>>P050

SOY MILK

ティラミスパフェ 1000円

豆乳ソフトクリームとほろ苦いコーヒーソースが相性抜群。パフェグラスの中にも豆乳ソフトをぎっしり詰める。下層は製菓用寒天（ル・カンテンウルトラ）で作るコーヒーゼリー。コーヒー風味のスポンジケーキやフローズンのイチゴ、グルテンフリーのティラミスと一緒に食べ進める。

米粉で作るスポンジに、コーヒーソースをしみこませる。コーヒーソースは、エスプレッソとてんさい糖で作るシロップを合わせたもの。スポンジにも少量だが豆乳が使われている。

imperfect
表参道
>>>P062

アイスクリーム ダブル（チョコレートオレンジ、ピスタチオ） 880円

『imperfect表参道』では、カフェコーナーに加えアイスクリームコーナーを設置して、5種類のアイスも販売。店内のハイカウンターで楽しめる。うち2種類のアイスクリームは、牛乳にアーモンドミルクをブレンドした点が特徴で、リッチで濃厚な味わいは出しながらも、すっきりとした後味を実現している。カップ売りはシングル520円、ダブル780円で、ともに「ピスタチオ」は100円プラスの料金になる。写真のトッピングはグレーズドナッツとチョコレートボール、チョコレートバーグ。

ALMOND MILK

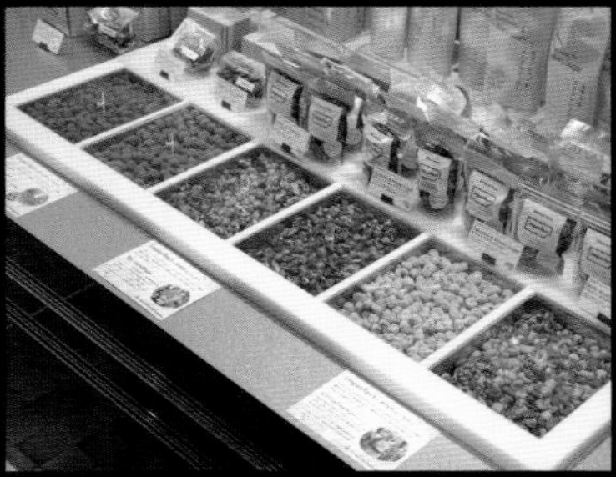

アイスクリームはトッピングも魅力で、『imperfect表参道』の店頭で販売しているナッツ6種の中から塩味のもの以外の5種と、チョコレート4種の中から日替わりで提供される。

WONDER-
FUL
CAFE
>>>P090

OAT MILK

博多上呉服町オーツ麦ラテかき氷　1000円

オーツミルクとコーヒーの相性のよさをいかしたかき氷。福岡県博多の有名かき氷店『おまめよしこのかき氷』がレシピを監修した。トップにはオーツミルクのエスプーマ、中にはオーツミルクのマスカルポーネカスタードクリームと自家製フルーツポンチが隠れている、驚きのある一品。氷は長野県の天然氷で、かき氷機は新潟県の『サカタ製作所』のICE FLAKE ADVANCEを導入。ふわふわで軽い食感の氷も魅力だ。

オーツミルクエスプーマをトッピング。ふわふわと軽やかな食感。最後に自家製のドライデコポン、エスプレッソパウダーをのせて完成。ドライデコポンは低温のオーブンで2時間以上かけて作る。

中にしのばせるマスカルポーネカスタードクリームは、オーツミルクで作ったカスタードと、マスカルポーネチーズを混ぜて作る。

旬の果物3種類ほどをきび砂糖でマリネした、自家製のフルーツポンチ。コーヒーとの相性がよい、柑橘類やりんご、キウイなどが多い。かき氷に入れる際、食べやすい大きさにほぐす。

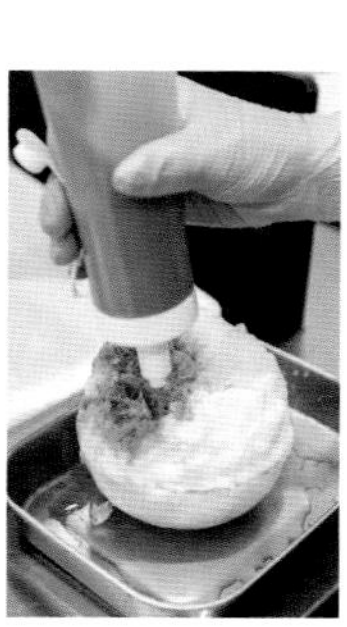

コーヒーシロップは、細挽きにしたコーヒー粉（ワンダフルブレンド）ときび砂糖とを鍋で煮出した自家製。シロップのほろ苦さで、ボリューミーながらさっぱり食べきれる。

PLANT-BASED MILK MENU BOOK

Chapter 4

知っておきたい、
注目のプラントベースミルク

OAT MILK

マイナーフィギュアズ 有機バリスタオーツミルク

マイナーフィギュアズ社

パッケージのイラストも印象に残る。「鳥人間」の通称で親しまれるキャラクター「ペニー」は、創業メンバーが、京都の鴨川で見たカモがモチーフとなっている。

日本でも導入店が急増中 バリスタ専用のオーツミルク

「マイナーフィギュアズ社」は、イギリスのコーヒー会社。コーヒーをよりおいしくヘルシーに楽しむための牛乳代替品として開発されたのが、この『有機バリスタオーツミルク』だ。

原料には、有機オーツ麦をはじめとした天然由来の素材を使用しており、保存料等も不使用。どんな豆とも合わせやすく、ラテやカフェオレに使用するとコクが増す。また、一般的にラテアートが難しいとされる植物性ミルクだが、同商品ではフォームドミルクの泡を作り出すタンパク質や乳脂肪の働きを有機食用ひまわり油で補っており、コツを押さえれば、きめ細かく口当たりのよいテクスチャーを作ることが可能だ。ブランドアンバサダーを務める田中大介バリスタによると「牛乳と同じ感覚でスチーミングしてしまうと、さらさらとしてテクスチャーが出づらいため、最初にしっかりと泡を入れるのがポイント」。

現在、世界25カ国に出荷され、日本でも2020年の上陸以来、導入店が増え続けている。

DATA>>>

■1000ml×6本入
■原材料：有機オーツ麦、有機植物油脂、食塩／炭酸 K
■賞味期限：12ヵ月（常温保存） ※開封後は要冷蔵で7日以内に使用

問い合わせ先 株式会社 若翔
TEL：042-707-9957
受付時間：10時～17時（土日・祝日を除く）
URL：https://www.wakashou.co.jp/minor-figures/

ブランドアンバサダー

田中大介バリスタに教わるオーツミルクラテアート

オーツミルクでラテアートを描く際には、牛乳とは少々異なるアプローチが必要となる。
商品の特性をよく知る田中大介バリスタに、
基本図形の「ロゼッタ」を例にして、スチーミングや注ぎ方のコツを教わった。

Turner 田中大介バリスタ

大阪府出身。2015年「コーヒーフェスト ラテアート世界選手権」で優勝。「マイナーフィギュアズ社」オーツミルクのアンバサダーをはじめ、ラテアート指導、開業サポートなど全国で活躍。

基本的なモチーフを描くことで、使用する豆に合った、オーツミルクのベストな注ぎ方を見つけられるようになります。

STEP 1

スチーミング

スチーミング序盤でしっかり泡を入れてボリュームアップさせる。フォームドミルクがきれいになじんでいない場合は、注ぐ前にピッチャーを回す、揺らすことでまとまりがよくなる。

STEP 2

キャンバス作り

基本ができていれば牛乳との大きな差はないが、太めに注ぐと、ラテアートを描く際に白色と茶色の境目を表現しやすい。※ただし、使用する豆や抽出レシピによって異なる。

STEP 3

ドットを引き出し、ロゼッタを描く

ドットを引き出す際は、ミルクとエスプレッソの交わり方を瞬時に判断しながらピッチャーを動かす。クレマが固い時はしっかりと力強く振る、エスプレッソがサラッとしている時は流れやすいためピッチャーを振る力を抑えめにし、流れの中に茶色のコントラストが入っていくのを確認しながら後ろに下げるなど、牛乳以上に柔軟な対応が必要。今回は9回の振りでロゼッタを完成させた。

ALMOND MILK

アーモンド・ブリーズ バリスタブレンド

ポッカサッポロフード＆ビバレッジ株式会社

2022年3月に商品スペックをリニューアルし、200ml当たり1日分のビタミンE（※）が訴求可能となっている。　※栄養素等表示基準値より

アーモンドの世界的企業が生んだ
ヘルシーながらクリーミーな泡立ち

世界のアーモンド出荷量の約80％を占めるカリフォルニア。『アーモンド・ブリーズ』は、カリフォルニア州で100年以上の歴史を持つアーモンドのリーディングカンパニー「ブルーダイヤモンドグロワーズ社」から誕生した。シリーズの中でも、カフェ向けに開発されたのがこのバリスタブレンドだ。アーモンドの香りとすっきりした味わいを生かしながら、エスプレッソとのブレンドに最適な形で設計。クリーミーで、しっかりとした泡立ちにより、牛乳に近い感覚でラテアートを作ることができる。また、アーモンドの香ばしい風味は、チョコやキャラメルシロップを加えたアレンジメニューにも相性がよい。

一般的にアーモンドミルクは低カロリーで、100mlあたり24kcal。コレステロール0《ゼロ》、低カロリー＆低糖質（※）、砂糖不使用というヘルシーさも人気の要因だ。

バリスタブレンドのほか、パンなどの料理に向く「砂糖不使用」、より強いアーモンド感が楽しめる「オリジナル」も展開している。

※100mlあたり2.5g未満を低糖質と表示

DATA>>>

■内容量：1000ml（業務用）
■原材料：アーモンドペースト（アメリカ製造）、マルトデキストリン、植物油脂、食塩／クエン酸K、リン酸K、安定剤（増粘多糖類）、香料、乳化剤、ビタミンE（一部にアーモンドを含む）
■賞味期限：180日（常温保存）
※開封後は冷蔵庫に保管し、なるべく早めに使用

問い合わせ先　ポッカサッポロフード＆ビバレッジ株式会社
お客様相談室
TEL：0120-885547
受付時間：10時～16時（土日・祝日を除く）

POINT 1

牛乳に劣らぬラテアートが可能
世界各地で大会も開催

きめ細かな泡立ちで、ラテアートが描きやすいのが強み。スチーミングの際は、牛乳は60～65℃程度に温めるのが一般的なのに対し、メーカーではやや低めの55℃を推奨している。バリスタブレンドを使ったラテアート大会も世界各地で開催されており、2022年春には、Instagram上のオンラインラテアート競技会「バリスタキングダム」（#ABバリスタキングダム2022）に、ハイレベルなラテアート作品が集まった。

POINT 2

契約農家で栽培された
アーモンド原料のみを使用

原料となるのは、カリフォルニア産の新鮮なアーモンド。3000を超える契約農家のもとで栽培・収穫が行われ、最新の加工技術で飲料に加工。厳しい品質検査と食品安全基準を満たした高品質の製品だけが、世界各国へ届けられている。

POINT 3

おいしく飲んで、SDGsに貢献

健康面やおいしさだけでなく、地球環境への意識から取り入れる人が増えているプラントベースミルク。ミルク生産に伴う温室効果ガス排出量においては、アーモンドミルクは牛乳の1/4という調査結果（※）も報告されている。

※出典：Poore&Nemecek(2018), Science, Additional calculations, J. Poorer

コーヒーとの組み合わせで
広がる味わい

クセのない味わいのアーモンドミルク。
合わせる豆の焙煎度や抽出方法によって、
さまざまな味わいが表現できる。

CASE 1

アーモンドミルク×深煎り豆・中煎り豆

アーモンドミルクにエスプレッソを合わせるなら、チョコレートナッツ系のフレーバーのある深煎り豆がおすすめ。アーモンドの風味を一層引き立たせる。バランスのとれた中煎り豆とも相性が良い。

CASE 2

アーモンドミルク×浅煎り豆

浅煎り豆を使う場合には、水出しコーヒーを使ったアイスラテがおすすめ。コーヒーのすっきりとしたコクと華やかなフレーバーに、バリスタブレンドのほどよいクリーミーさがマッチし、爽やかな一杯に仕上がる。

SOY MILK

Bonsoy（ボンソイ）

スパイラルフーズ社

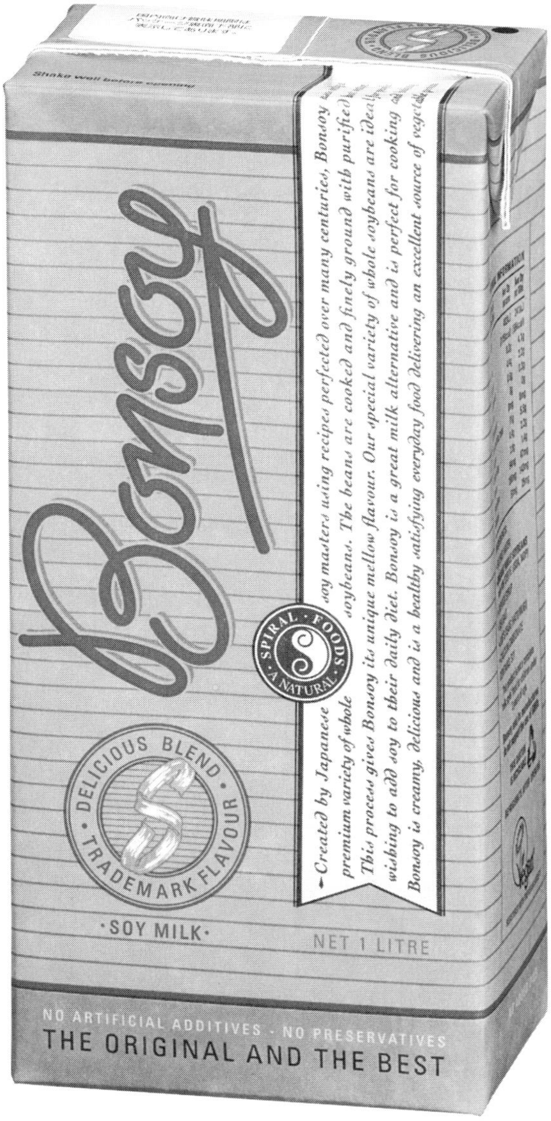

パッケージの“S”マークは、商品を開発した『スパイラルフーズ社』のもの。

ヘルシーでクリーミーな味わい
オーストラリア発、日本でも人気定着

カフェ文化の先進国と言われるオーストラリアで、多くのバリスタに親しまれているソイミルク『ボンソイ』。ソイミルク＝豆乳といえば、日本でも古くからなじみのあるプラントベースミルクの一つだが、この商品を開発したのは、オーストラリア・メルボルン発の「スパイラルフーズ社」。1970年代からマクロビオティックの考えに賛同し、日本食材を中心とした健康食品を、オーストラリア全土に広めたパイオニア的存在だ。

原料には、大豆を中心とした厳選素材を使用しており、コレステロール0《ゼロ》とヘルシー。さらに、クリーミーな味わいがラテやカプチーノ、チャイにもよく合うと、日本のカフェでも利用が広がっている。

「外食でも豆乳を使ったメニューを目にする機会が増え、ソイラテはカフェの定番メニューとなりつつあります。日本国内の豆乳市場は伸長が続く一方で、飲用牛乳と比較すると、約12%のシェアに留まります。まだまだ高い伸びしろが見込めると考えられます」（マルサンアイ「ボンソイ」担当者）

ラテアートのイメージ。きめ細かく、クリーミーでなめらかなフォームが作れ、フォームとミルクが分離しにくい。

DATA>>>

■1000ml×6本入
■原材料：大豆（アメリカ）、水あめ、食塩、はと麦粉／炭酸カルシウム
■賞味期限：150日（直射日光や高温多湿を避けて常温保存）
※開封後は冷蔵庫に保存し、2〜3日を目安に使い切る

問い合わせ先 マルサンアイ株式会社
TEL：0120-92-2503
受付時間：9時〜17時（土日・祝日・休業日を除く）
URL：https://www.marusanai.co.jp/

OAT MILK

オーツミルク　クラフト

マルサンアイ株式会社

1000mlパッケージには、注ぎやすく、持ちやすい容器を採用。栄養成分にはオーツ麦由来のβグルカン（水溶性食物繊維の一種）も含まれている。

粒からつくる特許製法で、牛乳に近いサラサラの口当たり

2022年３月に発売された新商品。豆乳をはじめプラントベースミルク開発に40年以上取り組んできた「マルサンアイ株式会社」の特許製法を用い、オーツ麦の粒から加工したオーツミルクだ。「穀物さらさら製法」と名付けられた特許製法（特許 第5074238号）では、オーツ麦が製造過程で強い粘性を作り出すのを抑えて、牛乳に近いさらりとした状態に仕上がる。同社ではこれまでにもオーツミルク商品を展開していたが、麦本来の自然な甘みはそのままに、よりのど越しがよく、クセのない柔らかな味わいを実現させた。また、一般的にオーツミルクはクリーム色がかったものが多い中、白色の強いミルキーホワイトの色合いも特徴だ。

素材の持ち味を最大限にいかすため、香料や油等は添加せず、原材料は北欧産のオーツミルクと安定剤の２つのみ。シンプルがゆえに汎用性が高く、スムージーなど各種アレンジドリンクをはじめ、パン、カスタードクリーム、ホワイトソースまで、幅広いレシピが公式サイトで公開されている。

『オーツミルク クラフト』をパンケーキに活用した例。

DATA>>>

■内容量：1000ml×6本入
■原材料：オーツミルク（国内製造）、安定剤（増粘多糖質）
■賞味期限：180日（直射日光や高温多湿を避け、涼しい場所で保存）

問い合わせ先　マルサンアイ株式会社
TEL：0120-92-2503
受付時間：9時～17時（土日・祝日・休業日を除く）
URL：https://www.marusanai.co.jp/

OAT MILK

ALPRO（アルプロ）たっぷり食物繊維 オーツミルク オーツ麦の甘さだけ

ダノンジャパン株式会社

2022年3月末にリニューアルした1000mlパッケージ。注ぎやすいようスリム化し、ワンステップで開けやすいキャップを採用している。

ほんのり甘くて香ばしい クセがなくアレンジにも向く

『アルプロ』は、ヨーロッパで親しまれてきた、ベルギー生まれの植物性食品ブランド。日本では、2020年に『アルプロ たっぷり食物繊維 オーツミルク』が発売開始され、やさしい香ばしさとすっきりした後味で人気を広げている。1杯(250ml)あたり、食物繊維を3g以上と豊富に含んでいる点も売りで、不足しがちな栄養素を、おいしく手軽に補える健康飲料として訴求する。

シリーズ商品の中でも、この『オーツ麦の甘さだけ』は、オーツ麦本来の自然な甘みが持ち味だ。「カフェ業態やコーヒーショップで使用されており、フォーミングを使わないカフェオレやアイスラテといったメニューでは、牛乳と同じ感覚でご利用いただけます。クセが少なく、加熱しても分離しづらいため、ココア、チャイティー、スープまで、さまざまな飲み物や料理にご活用ください」（ダノンジャパン担当者）

未開封であれば常温保存が可能で、賞味期限は300日超とかなり長め。賞味期限切れによる廃棄を減らし、食品ロス問題の対策にもなる。

写真の「枝豆とグリーンピースのスープ」をはじめ、Instagram（@alpro_jp）では、オーツミルクの活用レシピが紹介されている。

DATA>>>

■内容量：1000ml
■原材料：オーツ麦濃縮物、食物繊維、ひまわり油、食塩／リン酸カルシウム、増粘剤（ジェランガム）、ビタミンＢ2、ビタミンD2
■賞味期限：304日（直射日光を避け、涼しい場所で保存）

問い合わせ先 ダノンジャパンお客様相談室
TEL：0120-409610
受付時間：9時～17時30分（土日・祝日を除く）
URL：https://www.danone.co.jp/contact/

RICE MILK

キッコーマン 濃厚ライスミルク

キッコーマン食品株式会社

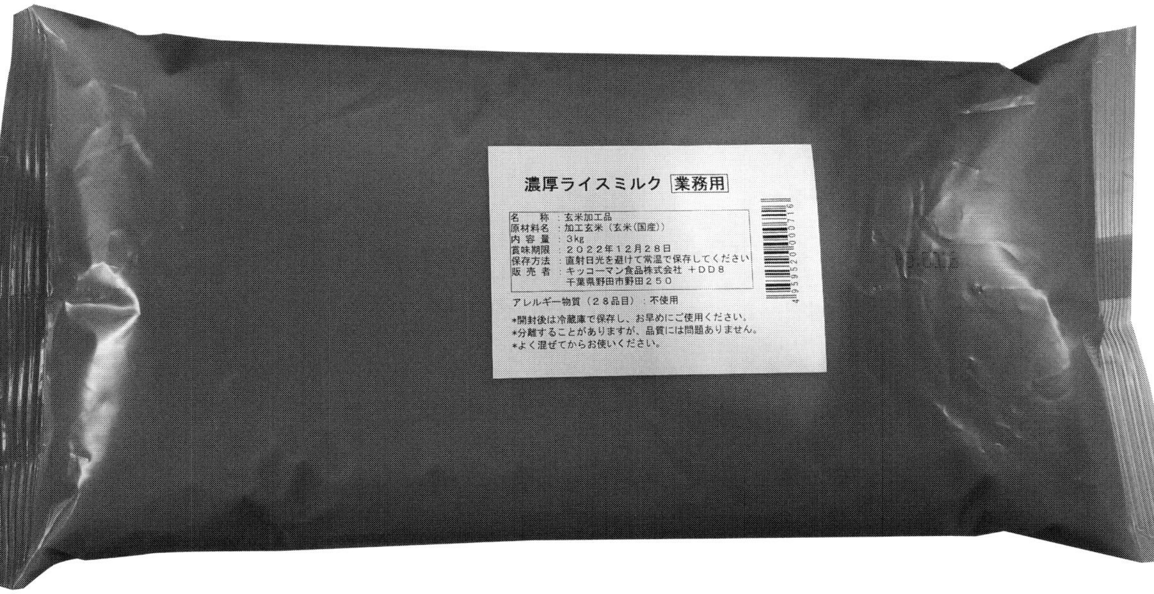
濃厚ライスミルク 業務用
名　　称 ：玄米加工品
原材料名 ：加工玄米（玄米（国産））
内 容 量 ：3kg
賞味期限 ：２０２２年１２月２８日
保存方法 ：直射日光を避けて常温で保存してください
販 売 者 ：キッコーマン食品株式会社 ＋ＤＤ８
千葉県野田市野田２５０
アレルギー物質（２８品目）：不使用
*開封後は冷蔵庫で保存し、お早めにご使用ください。
*分離することがありますが、品質には問題ありません。
*よく混ぜてからお使いください。

フィルムパック入り1.5kgと3kgの2サイズがあり、いずれも業務用ルートのみで販売。

アイスやロールケーキなど、『キッコーマン 濃厚ライスミルク』を使ったスイーツメニューの例。

醸造技術を生かした、国産玄米の奥深い甘み

国内トップクラスの醤油メーカー「キッコーマン食品株式会社」。この『キッコーマン 濃厚ライスミルク』は、同社が長年培った醸造技術を応用し、お米本来の甘みを引き出した日本生まれのプラントベースミルクだ。2017年「日本雑穀アワード」においては、業務用食品部門で金賞を受賞している。

原料は国産の玄米のみ。砂糖不使用でありながら、しっかりとした奥深い甘みを持つ。玄米由来の香ばしい風味も特徴だ。テクスチャーはとろりとした粘度があり、牛乳の代替品としてだけでなく、砂糖代わりの甘みづけや、パンや焼き菓子をしっとりとさせる効果、和素材の風味・コク増しにも使える。

また、玄米のみを原料にしているため、乳製品や大豆アレルギーの人でも安心して取り入れられる。プラントベースミルクの新たな選択肢として、今後も注目を集めそうだ。

DATA>>>

■内容量：1.5kg／3kg（業務用）
■原材料：玄米（国産）
■賞味期限：9ヵ月（直射日光を避け、常温で保存）
※開封後は冷蔵庫で保存し、早めに使用

問い合わせ先

キッコーマンお客様相談センター
TEL：0120-120-358
受付時間：10時～16時（土日・祝日を除く）
URL：https://www.kikkoman.co.jp/

CASHEW MILK　MACADAMIA MILK

無添加　生マカダミア&カシューナッツミルク（メープル）

Karashima NUT'S

メープルシュガーで軽く甘みを付けているが、通販の「無添加　生カシューナッツミルク」には無糖タイプもある。時間とともに成分が沈殿・分離することがあるので、よく振って使用する。

無添加でコクと香りが濃厚。美容にも効果的

経営者の唐島和義氏は、Jリーグでプロコーチを務めた時の経験から、植物由来のものがアスリートのコンディションに適すると気づき、無添加で納得の行く味わいのナッツミルクを自らの手で作り上げた。テイクアウト店舗の他、オンライン通販や卸しも行っている。

店舗ではアーモンドとカシューナッツを独自配合でブレンドしたものを販売。通販ではマカダミアナッツとカシューナッツのブレンド、それに、それぞれ単体のナッツミルクも扱う。ブレンドするのは、各々の長所で短所を補い合ってコクや香りが増し、単体よりも魅力が高まるから。ビタミンB1、ビタミンKに加え、鉄分、銅、葉酸を多く含むカシューナッツに加え、他のナッツ類もアンチエイジング成分が多く、美容にも良い。

そのままでも美味しいが、ナッツの風味はコーヒーや紅茶、グラノーラとも良く合う。ポイントは沸騰させないこと。約60℃で温めると凝固せず、ドリンクと合わせやすい。

カフェオレ好きの唐島和義氏は、植物由来の無添加で美味しいミルクを探し、自らナッツミルクを作るようになった。

テイクアウトできる実店舗は、地下鉄阿波座駅から徒歩約３分の所に、２０２１年８月に開業。

DATA>>>

■内容量：360ml
■原材料：マカダミアナッツ、カシューナッツ、メープルシュガー、食塩
■賞味期限：製造日から3週間（直射日光、高温多湿を避け、冷蔵保存）

問い合わせ先　Karashima NUT'S
TEL：06-4400-9736
受付時間：12時～17時（日曜日除く）
URL：https://karashimanuts.myshopify.com/

ココナッツミルク

株式会社ココウェル

新鮮なココナッツの胚乳から抽出した高脂肪ココナッツミルク。業務用取扱いは2022年から本格開始。写真のラベルは変更予定。

採れたてのココナッツミルクとココナッツシュガーで作るココナッツミルクキャラメル。収穫後は時間が経つと味が変わるので、現地でしか作れない。

有機、無添加の
高脂肪ココナッツミルク

　タピオカやナタデココなど、南国イメージのメニューによく使われてきたプラントベースミルクが、ココナッツミルク。日本でも以前から使われ、比較的良く知られている素材だ。そうした従来製品がある中、「㈱ココウェル」では、これまでにない特性を持たせたココナッツミルクを販売している。

　同社は、代表取締役の水井　裕氏がフィリピンに環境問題を学ぶために留学。その折に同国のココナッツ農家との対話から、ココナッツの価値を高め貧困問題解決にも貢献したいと立ち上げた日本初のココナッツ専門の会社だ。

　同社が扱うのは100%有機のココナッツミルクで、増粘剤、漂白剤、酸化防止剤などは使っていない無添加。そのため現地で缶に充填後、高温殺菌して日本に輸入している。独特の甘い香りで夏のイメージに加え、後味が良く、薬品臭も無い。

　特徴的なのは脂肪分の高さ。一般的なココナッツミルクでも14%もあるが、同社製品は18%もある。脂肪分は高いが、中鎖脂肪酸でエネルギーになりやすい。この濃度は、実はアイスクリーム原料を前提として開発したためで、そのままアイスクリームに使える。

　さらに利点としては、濃度を調整しやすいこと、ホイップクリームにもできること、などもあげられる。

　ドリンクでは、バナナシェイクなどにすると美味しい。脂肪分の高さから、コーヒーに入れる際は、しっかりと混ぜて完全に乳化させると表面に浮かず、美味しく楽しめる。

DATA>>>

■内容量：400ml
■原材料：有機ココナッツ、水
■賞味期限：製造後24か月（直射日光、高温多湿を避け、常温で保存）

問い合わせ先　**株式会社ココウェル**
TEL：06-6568-5572（業務用）
受付時間：10時～18時（土日祝日休み）
URL：https://www.cocowell.co.jp

SOY MILK

濃久里夢（コクリーム）※業務用

不二製油株式会社

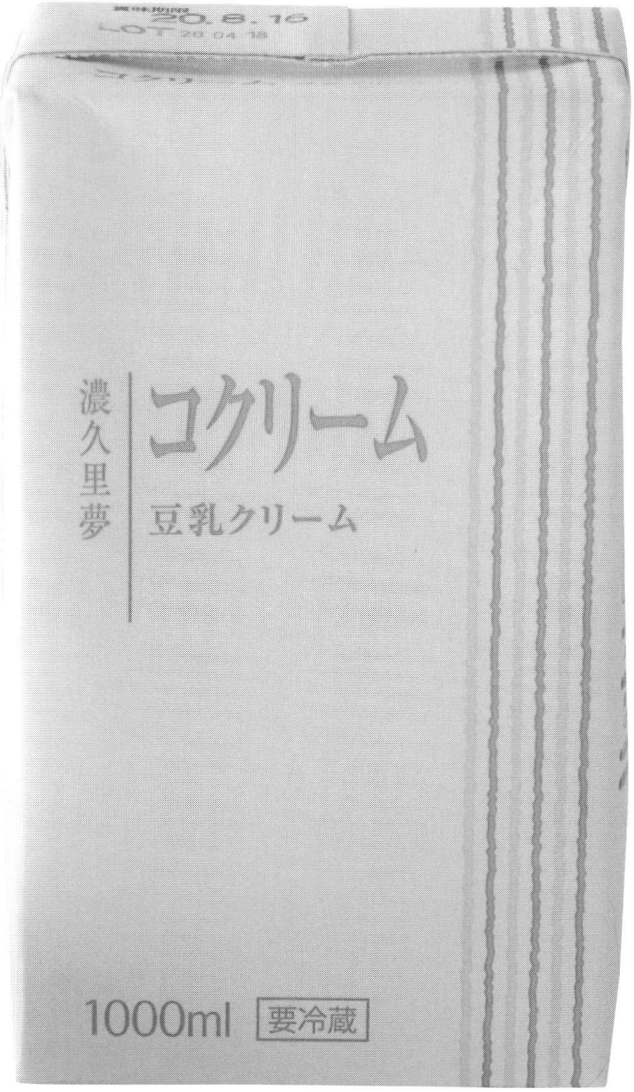

2013年に開発され、2014年「業務用加工食品ヒット賞」を受賞。

豆乳のイメージを覆す 濃厚でリッチなクリーム感

『濃久里夢（コクリーム）』は、メーカー独自のUSS製法により大豆からつくられた豆乳クリーム。USS製法とは、大豆のおいしさを生かしたまま分離・分画させる特許技術で、生クリームを思わせるクリーミー感と、濃厚なコクが特徴だ。

たとえば、エスプレッソと豆乳に、このクリームを加えると、濃厚で贅沢感のあるリッチなソイクリームラテになる。「一般的な豆乳と同じようにお使いいただくほか、少量添加でも大豆の風味が感じられます。また、一般的な豆乳と比べて糖質が少ないため、糖質を抑えたドリンク開発も可能です」（不二製油担当者）

コーヒーのほか、野菜や果物との相性もよく、合わせる素材の風味を引き立てる効果も。ドリンク、スイーツから、スープやソースなどの調理用まで幅広く使える。このほか、豆乳クリームにホイップ機能をもたせた姉妹商品『濃久里夢（こくりーむ）ほいっぷ くれーる』や、豆乳を発酵させたチーズ代替品、豆乳クリームバター等が展開されている。

DATA>>>

■内容量：1000ml　■原材料：大豆
■賞味期限：120日（冷蔵保存／1℃～10℃）
※開封後は、冷蔵保管し速やかに使い切る

<シリーズ商品>

USS製法による豆乳を主原料にした、マスカルポーネタイプの豆乳発酵食品『マメマージュmou』（業務用）。まろやかな酸味と優しい豆乳の味わいで、ティラミスなどの各種洋菓子に使いやすい。ほぐれやすく、加熱することでなめらかなソース状になる。

問い合わせ先　不二製油株式会社

URL：https://www.fujioil.co.jp/
※問い合わせフォームより

プラントベースミルクで作る

人気店の スイーツ・レシピ

Sweets Recipes

※3章（P114〜128）で紹介したスイーツの、一部のレシピを公開しています。

▶115ページ

オーツプリン
【Sunny Spot Cafe】

材 料（アルミカップ5個分）

オーツミルク…250ml
豆乳ホイップ…100ml
てんさい糖…30g
卵黄…4個分
カソナード…適宜

作り方

1 鍋にオーツミルク、豆乳ホイップ、てんさい糖を入れ、加熱する。てんさい糖がとけたら、火を止める。
2 ボウルに卵黄を入れて泡立て器で混ぜ、[1]を加えさらに混ぜる。
3 一度シノワで漉してから、アルミカップに等分に注ぐ。
4 天板に1㎝ほど水を注いで[3]を並べ、150℃に余熱したオーブンで1時間焼く。
5 オーブンから取り出し、粗熱がとれたら冷蔵庫で冷やす。
6 完全に冷めたら表面にカソナードをふり、バーナーでカラメリゼする。再度冷やす。

▶118ページ

米粉のジンジャーキャロット
【ocio Healing space&Cafe】

材 料（7㎝×20㎝のパウンド型1台分）

■米粉のジンジャーキャロット
A　米粉…150g
　コーンスターチ…100g
　シナモンパウダー…12g
　ベーキングパウダー…8g
　重曹…4g

B　豆乳ヨーグルト（4時間以上水切りしたもの）…100g
　てんさい糖…70g
　てんさい糖シロップ…20g
　塩麹、塩…各少々

なたね油…100g
人参…200g
生姜…20g
ドライカレンツ…60g

■ココナッツソイクリーム
C　豆乳ヨーグルト（4時間以上水切りしたもの）…90g
　てんさい糖…30g
　塩麹、塩…お好みで少々
　ココナッツオイル（溶けた状態）…40g

作り方

準備：型になたね油（分量外）を塗る。

1 米粉のジンジャーキャロットを作る。Aの粉類をボウルに入れ、泡立て器でよく混ぜる。
2 別のボウルにBを入れ、泡立て器でよく混ぜる。なめらかになったらなたね油を加え、さらに混ぜる。
3 フードプロセッサーに、ざく切りにした人参と生姜